学校と教師を壊す「働き方改革」

学校に変形労働時間制はいらない

大貫耕一 編
白神優理子
氏岡真弓
佐々木仁
鈴木大裕

JN107389

花伝社

学校と教師を壊す「働き方改革」――学校に変形労働時間制はいらない◆目次

はじめに

今、学校が危機的な状況となっています。東京都のある小学校では、9月から学級担任が休職で不在となり、後任の教師がいないまま3月の年度末を迎えてしまいました。

このような「教師不在」は、全国の学校で拡がりはじめています。朝日新聞の取材に応じた教育委員会報告では、2019年5月1日現在で1241人の教師が欠員となっているのです。

この背景には教師の過重な労働状況があり、全国の教師2人に1人が過労死ラインと言われる「月80時間以上の残業（残業代はなし）」を行っている現状があります。さらに、新型コロナウイルス感染対応のため、教師が子ども1人ひとりに対して「登校時の検温」「給食の個人配膳」「教室・廊下、使用した教具（ボールなど）の消毒」などを毎日行っています。

このような過酷な労働を日々行わざるを得ない状況にあるため、体調不良となり休職せざるを得ない教師が増えているのです。

そして、教師不在となった学校の教頭（あるいは副校長）は後任の臨時教師を探すことになりますが、「200回以上」電話をしても1人の臨時教師を見つけることができないという状況にあります。

今、「先生のいない教室」が、全国で増えているのです。

教師の過重な労働状況が社会的に知られるようになった中で、教員採用試験への希望者が激減しています。2019年の教員採用試験倍率では、全国平均が過去最低の2・8倍（新潟県の小学校では1・2倍）まで下がりました。教師の欠員に追い打ちをかけるように、教職を希望する大学生が減少しているのです。ある国立教員養成大学では、「半数の学生」が教師として就職することを選択していません。ある学生は、教職を選択しない理由について次のように語りました。

「過労死ライン超えで、いつ心の病を発症するかわからない職場。しかも、残業代なしで今のバイトより安い給料という教職に親から反対されました」

このように、現在の学校が「教師不在」という危機的状況に陥る中、２０１９年12月4日、教職員給与特措法の改正法が国会で成立しました。

この「教師への年単位の変形労働時間制」が法制化されたことにより、ＪＩＬＰＴ独立行政法人労働政策研究・研修機構における統計データでは、変形労働時間制の下で働く方が「1カ月で15時間程度」勤務時間が長くなると予想されています。

つまり、教師の労働環境は、変形労働時間制導入によってさらに悪化することになるのです。

教師たち自身や父母・市民たちは、これほどまでに現在の学校が危機的状況に陥っていることを理解しているでしょうか。また、都道府県の教育委員会で条例化されなければ、変形労働時間制は実行されないことを知っているでしょうか。

この事実を知ってもらうために、本書はつぎの構成になっています。

第1章「学校に変形労働制が導入されたら」では、変形労働時間制とは、どのような制度なのかを紹介すると共に、これを学校現場に導入する法律の問題点と条例化のポイントを解説します。

第2章「教員のなり手が減っている」では、日本全国の教師不在および教職への希望者減少における現状について、緻密な取材から浮かび上がった事実を紹介します。

第3章「今の学校には、クラスに『教師』がいない」では、過酷な学校現場の現実と教師を多忙化に追い込んでいる原因について、そして、困難な中で子どもたちの成長を実現している現場教師の姿をリアルに紹介します。

第4章「教員養成の現場から」では、教職希望の学生が減少している現実について、学生の本音と葛藤に向き合う教員養成の現場を報告します。

第5章「教員の変形労働時間制と地方からの抵抗」では、2020年3月、高知県土佐町議会で全会一致で採択された「教員の変形労働時間制の導入禁止を求める意見書」について、この意見書採択の過程と、今後の展望を紹介します。

「先生のいない教室」が増えることを選ぶのか、それとも「子どもたちの笑顔輝く教室」が増えることを選ぶのか、その岐路に私たちは立たされています。

市民と教師たちが手を携えることで、教師の変形労働時間制を阻止することは、教育現場の崩壊を止めることに結びついています。

子どもたちが、小さな胸にトッキントッキンと希望の鼓動を響かせて通える学校を守るため、多くの市民と教師たちが共に手を携えて学校を育てることを願い、私たちは本書を世に問います。

2020年10月　執筆者一同

第1章　学校に変形労働時間制が導入されたら

白神優理子（弁護士）

1　法律は成立したけれど導入は決まっていない

２０１９年12月４日の臨時国会で、公立学校の教員を1年単位の「変形労働時間」で働かせる制度の導入を可能とする法律が可決成立した。

この内容を一言で説明すると、教員の働き方を「さらに悪化させる」ものであり、労働基準法や憲法に違反する内容である。

はじめに強調したいのは、「まだ導入は決まっていない」ということである。

この法律は、学校現場に実際に制度を導入するためにはまず自治体（都道府県議会）で条例をつくらなければならないというハードルを設けている。さらに都道府県議会で条例ができたとしても、個々の自治体や各学校で導入するかどうかの現場判断もある。法律は通っても学校に導入されるかどうかは決まっていないのである。

国会論戦の中で、萩生田光一文部科学大臣は野党議員からの質問に対して以下の答弁をした。

「変形労働時間制については各自治体の判断で採用しないということもあり得ると思います」

「当然、学校のみんなが嫌だと言うものを、これは幾ら条例ができたからといって、なかなかそれを運用して、動かすことは無理だと思います」

つまり、反対の声が多数となるならば導入をやめさせることが可能なのである。

法律が施行される日（実際にこの法律の制度が適用可能となる日）は２０２1年4月1日とされる。つまり今、この法律がいかに教員の労働環境を過酷にし、子どもたちの学びや人格的成長にとって障害となってしまうかについて学び、声を上げることが重要である。

2「教員の変形労働時間制」とはどんなものか

この制度は、「公立の義務教育諸学校等の教育職員の給与等に関する特別措置法」（以下、「給特法」という）の一部を改定して、各自治体が導入のための条例を制定できるとした。関連する条文や原則などの説明をしながら、以下に制度内容をお伝えしていく。

(1) 労働基準法の大原則は「1日8時間労働」

まず労働基準法（以下「労基法」という）は、使用者側が守るべきルールである。かつては、使用者が歯止めなく好き勝手に労働者を働かせていたため、命や健康、生活を脅かされた多くの人々が立ち上がり、使用者に歯止めをかける規制を作らせてきた。それらが結実しているのが労基法である。

さて、労基法第32条第1項には、「使用者は、労働者に、休憩時間を除き一週間について四十時間を超えて、労働させてはならない。」とあり、同条第2項には、「使用者は、一週間の各日については、労働者に、休憩時間を除き一日について八時間を超えて、労働させてはならない。」と規定している。「1日8時間・1週40時間」を超えて労働者を働かせてはいけないというのが大原則である。

なぜなら人間は、その日の疲れをその日のうちに癒すことが必要だからだ。人間はロボットではない。連日休みなく働き、後でまとめて疲れを癒すことはできない。

「1日8時間・1週40時間」は、法律が定めている労働時間なので「法定労働時間」と呼ぶ。これに対して、それぞれの職場でルール化された労働時間を「所定労働時間」という。労基法は「これを下回ってはいけない」という最低基準を使用者に課している。もちろん、この基準を上回る分には問題がない。だから、1日7時間を「所定労働時間」とすることも可能である。

(2) 変形労働時間制とは「1日8時間労働」の原則を壊すもの

「変形労働時間制」とは、ある一定の決められた期間について、その期間トータルの労働時間数の「平均」が、法定労働時間（労基法が定める1週40時間）を超えていなければ、どこか一部の期間が法定労働時間数を上回ってしまっても、法律違反にはならないというものである。

「1日8時間・1週40時間」の原則を定めた第32条の後ろに、第32条の2や第32条の4という形でこのような内容の条文を後から追加し、ある期間については1日8時間・1週40時間を「超えて」働かせることができると規定する。つまり、労働時間についての労基法の重要なルールを外す「例外規定」を後から作ったのが「変形労働時間制」である。

今回、公立学校の教員について国が導入を目指しているのは「1年単位」であるため、1年を上限とする対象期間の平均労働時間が1週40時間の枠内におさまっていれば、ある期間については、延長して働かせることができてしまう。

例えば、ある月を繁忙期として設定して、その期間は「1日10時間」を所定労働時間とし、別の月は閑散期として設定してその分短く、例えば「1日5時間」を所定労働時間にするという形である（1日の上限は10時間とされており、これ以上長い時間は設定できない）。

働く者を守るためのルールを緩和する、「規制緩和」の一種である。もともとは、長期休暇に利用者が激増する旅館やホテルなど、1年間のうちで繁忙期と閑散期が明確な業種について、労基法の大原則の例外を認め、規制を緩和する制度だった。

公務員については、1年単位の変形労働時間制を規定する労基法の条文は適用されないことになっていたところ（地方公務員法第58条第3項）、今回の給特法の一部改定により、公立学校の教員については各自治体で条例を制定するなどのハードルをクリアすれば導入できるとした。

（3）残業代を支払わなくても良いとする制度

本来、使用者が労働者を1日8時間・1週40時間の「法定労働時間」を超えて働かせるには、労使協定（過半数組合又は労働者の過半数から選出された代表者との書面による協定）と、その届出が必要とされる。そして、法定労働時間を超えた部分については「割増賃金」を支払わなくてはならない（労基法37条）。残業に歯止めをかけ、労働者の命と健康を守る目的で作られた労基法の大原則である。例えば、労働者を10時間働かせた場合、超過した2時間について割増賃金を支払う義務が使用者に発生する。

ところが「変形労働時間制」を導入し、ある期間について所定労働時間を1日10時間に設定していた場合は、超過した2時間について割増賃金を支払わなくても良いこととなる（もっとも、労働時間の平均が1週40時間を超えた場合、その部分については割増賃金を支払う必要がある）。割増賃金の大原則についても、規制を緩和しているのが変形労働時間制である。「1年単位の変形労働時間制」を導入した場合、ある月について法定労働時間を30時間超過する所定労働時間を設定しても、他の月で、法定労働時間を30時間下回る所定労働時間を設定しておけば、本来30時間分の割増賃金を支払わなければならなかったのに、一切支払わなくても良い、ということになる。

これを公立学校の教員について考えると、給特法が制定された1971年以降については4％の「教職調整給」が支給され、「時間外勤務手当及び休日勤務手当は、支給しない」ことが規定されており（給特法第3条）、割増賃金は支払われないこととなっているため、直接的には関係がないようにも思える。

しかし、「本来、割増賃金が支払われるべき残業時間なのだ」ということすら覆い隠されて、見えなくさせられてしまう。より一層、使用者側への歯止めがきかなくなる危険性が高い。

（4）過酷な労働実態を覆い隠す制度

もともとは、教員について割増賃金を支払わなくても良いとした給特法の法律そのものが、大きな問題を抱えている。また、運用にも大きな問題がある。

本来給特法は、「限定4項目」（①生徒の実習、②学校行事、③職員会議、④非常災害等やむを得ない場合、且つ、臨時または緊急のやむを得ない場合）以外の超過勤務を禁止している（給特法第4条）。

ところが、「時間規制がなく4％の手当てで全てカバーされている」という誤解が生まれ、「定額働かせ放題」になっているのが現状だ。実際に、教員の働き方の実態は、4％の手当てではとてもカバーできないほどの膨大な残業時間である。公立職員の「ただ働き」の分を計算すると、およそ９０００億円分となる（中央教育審議会初等中等教育分科会「学校における働き方改革特別部会」の第8回議事録）。

こうした割増賃金の計算によって教員の過酷な実態を表すことも、「変形労働時間制」の下では行いにくくなる。

（5）労働時間の短縮は保障されていない

重要なことは、「変形労働時間制」の本質は残業代不払いを可能とすることにあり、労働時間を短縮させる効果はないということである。もちろん、休日を増やす効果もない。

厚生労働省の通知によると制度を導入した時の「趣旨」は、「年間休日日数の増加、業務の繁閑に応じた労働時間の配分等を行うことによって労働時間を短縮することを目的とするものであること」とされているが（昭和62年1月1日基発第1号）、制度そのものには労働時間を短縮させる仕組みはまったく用意されていない。

実際に「変形労働時間制」の条文には、全体として労働時間を短くしなければならないという決まりは一切書かれておらず、休日の回数についても特別な決まりはつくられていない。

労基法の「1日8時間・1週40時間」原則を壊し、引き伸ばして働かせることができる上に割増賃金を支払わなくて良いとするのが制度の本質である。

しかも実際には、変形労働時間制の下で働かせる場合の方が、1か月で平均して15時間も労働時間が長く出るという統計データも存在する（『労働政策研究報告書』№１２８「仕事特性・個人特性と労働時間／ＪＩＬＰＴ独立行政法人労働政策研究・研修機構」）。

3　学校現場に導入されたらどうなるか

(1)　1日の労働時間がさらに長くなってしまう

教員の過酷な労働実態からすると、「どうせもともと残業時間が多いし、割増賃金ももらえていない教員にとっては、変形労働時間制が導入されても実態は変わらないのでは」と思うかもしれない。

しかし、実際の労働時間が長くなる危険性はかなり高いといえる。なぜなら教員は、所定労働時間内に職員会議や部・委員会の会議など「集団業務」で体を拘束され、所定労働時間が終わってからやっと「教員同士の実務上の打ち合わせ」や「個人業務」を行っているからである。「個人業務」とは、学校全体の事務に関する作業や、自身のクラスに関わる週案作成、授業準備、教科研究、採点、保護者への便りの作成など無限にある。

現在の教員の所定労働時間は7時間45分である。例えば出勤時刻が8時であれば（法定の休憩時間が45分）、16時半以降は一応「退勤時間」となり、その後教員はそれぞれ打ち合わせや個人の業務をすることとなるが、1年単位の変形労働時間制が導入されると「退勤時間」が遅くなる日が生じる。

例えば、4月の所定労働時間が1時間延ばされると（所定労働時間が8時間を超えるので法定休憩は1時間）、17時45分が「退勤時刻」となり、この時間までは「集団業務」に拘束されるおそれが高く、これ以降に「実務上の打ち合わせ」や「個人業務」に取りかかることになる。帰宅時間が遅くなることは明白であり、結局は労働時間が今までより長くなる。

さらに、新学習指導要領の実施により、教員の業務量が大幅に増えている（小学校での外国語活動・外国語の教科導入、道徳の教科化による生徒一人ひとりへの記述式の評定など）。その上、本来は残業時間である部分も「所定」の勤務時間だということとなり、過酷な労働実態が覆い隠され歯止めが効かず、さらなる長時間労働が生じる危険性も高い。

管理職は制度を運用するために、1カ月後の勤務時間設定などの業務が追加され、さらに長時間労働となる。「たとえ夏休みの休日が増えても、その前に過労で倒れてしまう」「現在も忙しいのに退勤時間が遅くなり体調も心も整わなくなる」「現状でさえほとんど休憩時間が取れない中で、さらに勤務時間が長くなると、会議等が入り労働時間が長くなるのは、はっきりしています」という教員の不安は当然である。

(2)「勤務の割り振り」ができなくなる

「変形労働時間制」は、その対象期間について30日前には、労働日・所定労働時間を決める必要があり、事前に決めた労働日・所定労働時間を途中で変更することができない。直前の勤務変更まで許してしまうと、労働者の健康を大きく害してしまうからである。

そうすると、教員間で行われている「勤務の割り振り」が不可能となる。「勤務の割り振り」とは、例えば緊急の対応を要する事件や事故が発生して、夜遅くまでの勤務をしなければならなくなった時などに活用されている。こういった時に校長は、その日の所定労働時間を数時間伸ばし、その分、別の日の所定労働時間を短くするという割り振りをすることによって、疲労を回復させることが可能とされている。

このような制度も活用できなくなり、教員が急な対応で長時間の労働をしても、その後も事前に決めたスケジュール通りに勤務しなければならず、過重労働を余儀なくされる。

（3） 実際には夏休みも休めない

萩生田文科大臣は、「夏休み中の休日のまとめ取りのように集中して休日を確保すること等を可能とするため……規定を定める」として、この制度の導入理由を語っている（2019年11月7日衆議院本会議）。そして、国は5日間の「休日のまとめ取り」をつくる例を出している（導入の手引き）。

しかし政府の想定は、現実的ではない。問題の根本は業務量の多さだからである。

現在も、多くの教員が夏休みに年休すら消化できていない。夏休みにも日直担当の教員は学校へ行き、教員が鍵の開閉を行う。小学校ではプール指導、生徒に夏季学習や校外学習を実施するところもある。部活を受け持っている教員は地区大会や全国大会のための練習が増加し、校内研修・初任者研修・行政研修・教員免許更新講習など夏場に入ることが多い研究や講習が多数。そもそも授業時間が増加し、夏休みそのものを短縮する学校が増えている。また、子育て世代の教員は学期中の授業準備が難しいため、夏休みに授業準備や自主研修をすることも多い。このように、教員は夏も業務によって埋まっている。

形式的に国が例に出すように休日を設定したとしても、これらの業務が減らない以上は休日を返上して働かざるを得ない。あるいは、夏の休日を確保するためにこれらの業務を学期中に移動させることによって、さらに学期中の労働時間が長時間化する危険性もある。業務の縮小・廃止を保障するような制度設計はされていない。

そもそも、年休や振替休日をとることによって夏休みを確保していた教員にとっては、夏休みが設定されると、今度は年休などを持って行くところがなくなってしまう。

結局、「1年単位の変形労働時間制」には、夏休みを増やす効果は期待できない。

教員の夏休みを本当に実現したいならば、地方自治体で「教員の夏休みは○日間付与する」という条例を制定することで可能となる。公立学校の教員の労働条件は、原則として条例で定めることができる（勤務条件条例主義：地方公務員法24条第５項、同法25条第１項）。わざわざ学期中の労働時間を増やす必要はない。

そして最も重要なのは教員を増やすこと、業務を減らすことである。岐阜市では教育委員会が研修などを減らして、８月に16日間の学校閉庁日を作り夏休みを設定した。政府は、岐阜市のような取り組みを内容とする条例の制定を各自治体に促す法律を作れば良いのである。

（４）子育て・介護への弊害、教員同士の分断

国は、１年単位の変形労働時間制を「適用しない選択も確保できるように措置する」としている（中教審答申）。しかし制度導入によって、所定労働時間が伸び、その伸びた時間にも「集団業務」が食い込むこととなる。そうすると、子育てや介護があるために制度を適用しない教員は、これまで出席していた会議に欠席せざるを得なくなる。多忙な現場で、「申し訳ない」という心苦しさを抱え込み、会議などで意見も言いづらくなってしまうおそれがある。

制度の適用を受ける教員とそうではない教員との間で、学校に拘束される時間の開きがさらに広がってしまう。

このような中で、「１年単位の変形労働時間制を適用しないことを希望する」のは実際には相当困難となるのではないか。

結果的には子育てや介護をしている教員のうち少なくない教員が、制度の適用を受け容れざるを得なくなり、「退勤時間」が延びることによって保育園への迎えが間に合わず、延長保育などにより経済的負担を余儀なくされる。子どもに接する時間が奪われ、家庭にも深刻な打撃を受けることとなる。

（5）生徒たちにも大きな影響

このように教員がさらに長時間労働にさせられると、より一層生徒たちに関わる物理的な時間も、精神的な余裕も削られてしまう。

ある保護者は、「息子が学校での悩みを話してくれたので、担任の先生にも相談するように促したら、息子が『先生とても忙しそう。僕が相談なんかしたら先生が死んでしまう』と言ったんです」と話していた。教員の多忙化・長時間労働化は、子どもたちの心にも深刻な傷を与える。

4　「1年単位の変形労働時間制」の導入条件が教員には大幅に緩和

（1）もともとの「1年単位の変形労働時間制」導入条件

労基法は「1年単位の変形労働時間制」導入の条件を厳しく設定している。

もともと労基法は「1日8時間・1週40時間」という形で、1日単位・週単位で労働時間の上限を定め、これを「最低基準」であるとして違反者には罰則を課している。残業については、労使協定をつくり労基署に届け、割増賃金を支払うことを義務付けている。労働者の命と健康を守るためである。

そのため、この例外を認める「変形労働時間制」について、労基法は高いハードルを設けている。特に「1年単位」の変形労働時間制は、1年間という長い期間の中で帳尻が合えば良いという仕組みであるため変動の幅が激しく、1日10時間もの労働を1カ月も2カ月も続けさせることが可能となってしまい、労働者の健康と生活に対する悪影響が大きい。

そこで労基法は、「1年単位の変形労働時間制」を職場に導入するには、次の厳しい条件を充たさなければばならないとした。

◆過半数労働者との書面による協定の締結

過半数の労働者が１年単位の変形労働時間制を導入することについて承諾しないと、導入できない。その事業所（仕事の活動がされる一定の場所）に労働者の過半数でつくる労働組合がある場合はその労働組合と、労働組合がない場合は労働者の過半数を代表する者との間で、書面によって協定を結ぶことを使用者に求めている。

この条件は、「１カ月単位の変形労働時間制」の導入の場合には必須とされていないのに対して、「１年単位の変形労働時間制」の導入については絶対に必要な条件とされている。「１年単位」は労働者の不利益が大きいからである。

◆協定の内容も厳しく設定されている

次の内容を協定に明記することが求められている。

①１年単位の変形労働時間制によって労働させる労働者の範囲
②対象とする期間とその起算日（起算日とは制度の適用をスタートさせる日）
③対象とする期間の中で、業務が繁忙となる繁忙期間
④対象とする期間（対象期間を１カ月以上の期間ごとに区分した場合は、その最初の期間）中の労働日・労働日ごとの所定労働時間
⑤協定の有効期間

その職場の状況に応じて、どの労働者が変形労働時間制の対象となり、どの期間にどれだけ働かせるのかを明確・適切なものにして、労働者に不利益が及ばないようにしている。

◆協定の届出

労基法の条文には様々な場面で「労使協定」というものが出てくるが、労基法が届出を義務付けているものとそうでないものとがある。1年単位の変形労働時間制を導入するためには、必ず協定を結び、事業所を監督している所轄の労働基準監督署に届出をすることが義務付けられている。

そうすることによって、協定の内容が守られているかどうか監督署によるチェックが可能となり、労働者を守ることに繋がるからである。

◆期間の30日前に労働日と所定労働時間を決定・変更不可能

使用者は、変形労働時間制の対象とする期間について、協定に労働日と所定労働時間を定めておかなければならず、いくつかに期間を区分した場合の2回目以降の期間については、その期間の30日前には、労働日・所定労働時間を決める必要があるとされている。

例えば、1年間を対象期間として、1カ月ごとにこの期間を区分した場合は、最初の1カ月間の労働日と所定労働時間を協定に記載しておかなければならず、次の1カ月間以降は各期間のスタートより30日前には労働日・所定労働時間を決める必要があるのだ。

いずれも過半数労働者を組織する組合がある場合はその組合と、組合がない場合は過半数労働者の代表との間で合意をして決めておく必要がある。

さらに、事前に決めた労働日・所定労働時間は途中で変更することができないのである（平成11年1月29日基発45号、昭和63年3月14日基発150号、平成6年3月31日基発181号）。

このようにしておかなければ、労働日の直前に「明日はあなたの労働時間は◯時から◯時ですから」と働く時間を指定されてしまい、労働者の生活と健康に重大な悪影響があるからである。

しかし変形労働時間制が採用されている多くの職場で、この条件が守られていない実態がある。

◆妊産婦への適用除外・育児や介護への配慮義務

使用者は、制度を導入するためには育児・介護を行う労働者に配慮することが義務付けられている。また妊産婦への適用は除外される。

◆設定できる労働時間には上限がある

1日10時間・1週52時間が、設定できる所定労働時間の上限とされている。また、1週48時間を上回る週は連続して3回までが上限であり、3カ月ごとに3週間以内でなければならない（平成11年3月31日基発169号）。

さらに労働日数にも上限があり、原則として年間の労働日数は280日以内、連続する労働日数は6日以内とされている。

◆恒常的に時間外労働が生じている場合は制度導入できない

変形労働時間制とは、もともと事前に労働日と労働時間を定め、あらかじめ業務の繁閑を見込み、期間全体として労働時間を平均すると1週40時間以内になるように設計できることが前提となっている。

(2) 重要な導入条件が教員には不要とされている

以上に示してきた、労基法が要求する労働者保護のために厳格に設定された導入条件が、教員については著しく緩和されているのが今回の制度だ。

◆過半数労働者の合意（書面による協定の締結）が不要

最も重要な条件が、教員には不要とされている。本来であれば「職員団体との書面による協定」が導入の条件とされるべきであるところ、「条例」と変更されているのである。

労働者への不利益が大きい制度だからこそ、当事者である労働者の同意を不可欠の導入条件としている労基法の取り決めを壊し、教員との書面協定を不要とした。労基法が明文で「必須」だとした条件を削除したということである。これは後に説明する通り違法だと言わざるを得ない。

◆労働者の範囲・対象とする期間・労働日・労働日ごとの所定労働時間などを現場教員との協議で定めることができない

本来、過半数労働者との協議によって制度の適用対象となる労働者の範囲や所定労働時間を定めることが制度導入の条件とされているところ、教員についてはそもそも協定が不要とされ条例に委ねられたため、この点についての協議が必須の条件とはされていない。現場の実状を踏まえた、労働者にとってなるべく負担の少ない内容にするために課されていた必須条件を削除したこととなる。

◆監督機関が存在しない

制度導入のために必要な条件とされている労働基準監督署への協定の届出についても、教員の場合は協定すら作成しなくて良いとされているため不要となっている。

そのため、制度の導入によって不適切な運用がされたり、問題が生じたりしたために教員が大きな不利益を受けていても、是正がされないまま野放しにされることとなる。

このように教員については、労基法が労働者を保護するために必須とした重要な導入条件（規制）が大幅に緩和され、削除されている。

もともと1年単位の変形労働時間制は、「1日8時間・1週40時間」という労基法の大原則、労働者の健康・命に関わる規制に穴を開けてしまう制度であり、だからこそ厳格な導入条件を定めたにもかかわらず、これを削除するというのでは教員の命・健康を保護することができない。

5　そもそも教員に「1年単位の変形労働時間制」は適用できない

(1)　業務の繁閑を見込めず恒常的な時間外労働が存在

変形労働時間制とは、業務の繁閑を見込んで事前に所定労働時間を予定する制度である。よって、事前に繁閑や労働時間を見込むことができず、恒常的・日常的に残業が発生しているような職場については、そもそも変形労働時間制を導入することは不可能となる。

このことは厚生労働省も通知している。「業務の繁閑に応じた労働時間の配分等を行うことによって労働時間を短縮することを目的とするものであること」（昭和63年1月1日基発第1号）、「あらかじめ業務の繁閑を見込んで、それに合わせて労働時間を配分するものであるので、突発的なものを除き、恒常的な時間外労働はないことを前提とした制度であること（平成6年1月4日基発1号、平成9年3月25日基発195号、平成11年3月31日基発168号）。

学校職場がこのような前提を欠くことは明らかである。公立学校の平日の平均労働時間は、小学校11時間45分、中学校11時間52分（持ち帰り含む）であり、まさに「恒常的な時間外労働」が認められる（文部科学省「教員勤務実態調査（平成28年度）の集計（速報値）について」）。また、夏休みですら過大な業務量であり、年間通して教員の時間外労働時間が発生していることからも、「あらかじめ業務の繁閑を見込」むのは不可能である。

したがって、学校職場には制度の導入自体が許されない。

(2) 事前に決めた労働日・所定労働時間

先に記載した通り、変形労働時間制は厚生労働省の通達や裁判例によって、事前に決めた労働日・所定労働時間を途中で変更することはできない。

しかし学校職場では日常的に勤務時間の変更が生じており、子どもの事故・事件など突然の対応が必要な出来事が常に発生するため、直前の変更を禁止することなどできない。この点からも、制度の導入自体が不可能であるといえる。

6 「教員の1年単位の変形労働時間制」は違憲・違法

（1）「教員の1年単位の変形労働時間制」は労基法や憲法に反する

労基法は、労働者を守るために使用者に課した最低基準である。国民を守る憲法の「人格権」（13条）「生存権」（25条）に基づいている。そのため労基法を守らないことは許されない。たとえ労働者が「それで良いよ」と合意をしても、労基法を下回るような働かせ方をした場合は違法・無効である。

ところが「教員の変形労働時間制」は、労基法が求める「協定」の「届出」を不要としており、この点で労基法の最低基準を下回る内容の制度となっている。そのため労基法違反と言わざるを得ない。

また、憲法27条は「勤労条件に関する基準は、法律でこれを定める」としており、ここにいう「法律」が労基法である。そして労基法を下回るものは許されないのであるから、労基法に反する今回の法律は、労基法によって勤労条件を決めるとする憲法にも違反することとなる。

さらに、憲法28条は「勤労者の団結する権利及び団体交渉その他の団体行動をする権利は、これを保障する。」としており、団体交渉権や争議権を保障する。教員については、これらが地方公務員法で制限されているが、これに加えて今回の法律は労基法が必須としている「協定」の条件を削除しているため、二重に憲法上の団体交渉権を奪っていることになる。この点でも憲法違反と言わざるを得ない。

（2）「教員の変形労働時間制」は国際基準にも違反

ＩＬＯ（国際労働機関）・ユネスコの「教員の地位に関する勧告」の第8項には「教員の勤務条件は、効果的な学習を最大限に促進し、かつ、教員がその職務に専念しうるようなものとする」と規定し、第89項には「教員の1日及び1週あたりの勤務時間は、教員団体と協議の上定めるものとする」と規定している。しかし既に記載した通り、今回の制度は協定を不要としている上に、教員の労働条件を悪化させる内容であるから、これに違反することは明らかである。

さらに教員の生活・健康を破壊する制度であることから、第79項「教員の社会的、公共的生活への参加は、教員の人間的発達における利益、教育事業の利益および社会全体の利益という観点から、奨励されなければならない」、第85項「教員は価値のある専門家（スペシャリスト）であるから、教員の仕事は、教員の時間とエネルギーが浪費されないように組織され援助されなければならない」という項目にも反するもので、国際基準に反する制度である。

7　本当の解決策

日本は教員数がＯＥＣＤ平均の80％に留まっており、最低レベルとなっている。日本の教員は、ＯＥＣＤ各国の平均勤務時間を、毎月１００時間以上、年間で１２００時間以上超えて働いている異常な事態にある。このような中で、教員に夏休みのまとめ取りを保障するべきだという意見自体にはもちろん賛成である。しかし、教員への不利益のない形で「夏休みのまとめ取り」を創設することが可能であることは既に指摘した。何より、教員の過酷な労働の根本解決策は「業務量を減らす」と共に、「教員の人員を抜本的に増やす」ことではないだろうか。教員の負担軽減と子どもたちの健全な発達のためにも、少人数学級を実現することが今すぐ必要である。

給特法の抜本改定をして教員にも割増賃金規定を適用することも解決策として必須といえる。

8　省令や指針は解決策を示していない

文科省は２０２０年7月に、公立学校教員への「1年単位の変形労働時間制」導入を前提として、「公立の義務教育諸学校の教育職員の給与等にかんする特別措置法施行規則」を「文部科学省令」（以下「省令」）として告示し、「公立学校の教育職員の業務量の適切な管理その他教育職員の服務を監督する教育委員会が教育職員の健康及び福祉確保を図るために講ずべき措置に関する指針」（以下「指針」）を発出し、「教育職員の休日の『まとめ取り』に関する条例・規則案（例）」（以下「条例・規則（案）」）を示した。

しかし「省令」等には、ここまで指摘してきた問題点を打開する方策は一切示されていない。むしろ現場の状況を踏まえない「導入ありき」の押し付けがその内容である。

「指針」は在校等時間が「上限時間の範囲内となることが見込まれる場合に限り、本制度の適用を行うこと」としている。しかしこれらは「教員ごと」に判断するとされる。すなわち、学校の中に1人でも「上限時間内」の教員がいれば、制度自体は学校に適用されるのである。

さらには、制度を導入する手順として国会において約束された事柄の実施が極めて不十分である。「（制度の）対象者を決めるにあたっては、校長がそれぞれの教師と対話をし、その事情などをよく汲み取るということが求められております」（２０１９年11月22日参議院本会議・萩生田文科大臣）、「まず各学校で検討の上、市町村教育委員会と相談をし、市町村教育委員会の意向を踏まえた都道府県教育委員会が、…条例案を作成し、…条例にしたがって、学校の意向を踏まえ、市町村教育委員会が、導入する学校や具体の導入の仕方…を決定することとなる」（2019年12月3日参議院文教科学委員会・萩生田文科大臣）などの答弁がなされているものの、その反映が不十分なのである。

労基法は、制度を導入するには〝制度の適用を受ける当事者〟である過半数組合又は過半数労働者の代表との「協定」を必須としたのである。これを削除した違法があるにもかかわらず、国会で約束していた現場教員との協議について制度導入の条件とするのではなく、「導入の手引き」や「Q＆A」での呼びかけに留めたという重大な欠陥がある。

そもそも制度導入の前提だとされる「指針」の内容と、教員の労働実態にはあまりにも大きな乖離がある。「指針」には、給特法の「超勤4項目」に限定せず、教員が時間外に学校教育活動に関する業務を行っている時間を「時間外在校時間」として、これらを教育委員会はタイムカード等により客観的に把握するべきとして、その上限時間を定めている。上限時間は月45時間・年360時間以内とされなければならないこととしている（もっとも、「児童生徒等に係る臨時的な特別の事情により業務を行わざるを得ない場合」は月100時間未満、年720時間以内まで可能（連続する複数月については平均月80時間以内、且つ、時間外45時間超の月は年間6カ月まで）とする）。「持ち帰り残業」についても実態把握をするべきとされ、業務の縮減の持ち帰りを縮減する取り組みが必要だとしている。

しかし学校職場の実態は、過労死ラインを超える働き方が常であり、ほとんど休憩時間をとることができないにもかかわらず一律に差し引かれ、「定時になったらタイムカードを押せ」と言われ退勤だけはさせられ虚偽の記録が押し付けられ、その結果、自宅での持ち帰り仕事が増加しているという報告が相次いでいる状況であり「指針」の内容とはかけ離れている。

「指針」で求められる措置が実現していない以上は、導入そのものを取りやめるべきことは当然である。

その上、新型コロナウイルスによる長期間の休校を経て、学校が再開している現状においては、今まで以上の長時間勤務が教員に強いられている。萩生田文科大臣自身が「勤務時間を縮減するものとは考えておらず」と答弁（２０１９年11月2日・参議院本会議）しているような本制度の導入は中止し、一刻も早く教員の長時間・過重業務を解消することこそが政府の役割である。

9　今後について

〝過労死促進法〟とでもいうべき実態を持つ教員の「1年単位の変形労働時間制」については、学校現場への導入を食い止めるために今後の取り組みが重要となる。労基法・憲法に違反する制度の導入が行われてしまうと、このような悪用が全職場に広がるおそれがある。

まず、条例が制定されなければ、学校現場への導入は不可能となる。各市町村議会での条例化に反対する意見書の採択が増えれば、都道府県議会もこれを無視することはできない。

また、在校等時間のタイムカード等での客観的な把握をして上限以内にすることや、持ち帰り業務を把握し短縮させることなどが記載された「指針」を、厳格に守らせる運動が重要である。

さらに、「当然、学校のみんなが嫌だと言うものを、これは幾ら条例ができたからといって、なかなかそれを運用して、動かすことは無理だと思います」との文部科学大臣の国会答弁を踏まえ、現場が意思表示をすることが鍵になる。

そもそも学校職場には制度導入の前提条件がないこと、給特法の見直し・業務の削減・少人数学級・教員を増やすなどの根本的な解決策こそ現場は求めているのだということを示していくならば、不当な制度の押し付けを跳ね返すことができる。それは子どもたちの安心や豊かな学びにつながっていく。教員の人間らしく働く権利と、子どもたちの学び成長する権利は、一体である。

第2章　教員のなり手が減っている

氏岡真弓（朝日新聞編集委員）

1　先生が見つからない

先生という仕事をめぐって異変が起きている――。

そう思ったのは、２０１８年の新学期だった。きっかけは、フルタイムで担任もできる「常勤講師」や、パートタイムの「非常勤講師」らの非正規教員が見つからず、学校現場に配置できない事態が問題になったことだ。松江市の中学校で英語の授業が１カ月間できず自習が続いたことがニュースになり、新聞や通信各社が全国の状況を調査し、その記事が相次いで出ていた。

非正規の未配置の実態については私自身、２０１０年に調べたことがある。全都道府県、政令指定都市の教育委員会を対象に、２００９年度中、①病休の教員が出て１カ月以上代わりがこなかった件数②教員が産休・育児休業に入ったときに代替がいなかった件数――を尋ねた。すると、この二つの件数の合計は年間で８００件を超えていた。そのため、未配置がそれから9年後に問題化したことに、何を今ごろ、と思ったのだ。

だが、しばらくして、状況がいっそう深刻化しているのではないかと思うようになった。そもそも年度初めは、教員がすべてそろっているのが当たり前だろう。それがそろわないとは、よほどひどいのではないか。そう思うに至ったときは、既に6月が終わっていた。今から調べても、「年度初め」という瞬間風速の件数をとらえられない。おのれの問題意識の鈍さを恥じながら、来年こそは調べようと心に決めた。

2　非正規だけでなく正規も

そうこうしているうちに、今度は、正規教員の採用試験の受験者が減り、試験の倍率が前年よりさらに軒並み下がっている問題が浮上した。倍率が1・8倍の自治体が現れたと聞き、「全入」に近づいているのではないかと思った。文部科学相の諮問機関の中央教育審議会でも、教員養成学部の学生が教員にならない状況や、採用試験の倍率が下がっていくことへの危機感が、委員からしばしば発言されるようになっていた。

非正規教員の不足と、正規教員の採用試験の倍率低下と——。

それらは何を物語るのか。非正規の教員は不足し、枯渇している。正規の教員はまだそこまでではない。だが両方の問題に共通するのは、教職の需給バランスが崩れ、先生のなり手が少なくなりつつある現実だ。その実態を調べなければ、と同僚たちと2019年、二つの調査をした。一つは非正規教員の未配置の実態調査であり、二つ目は正規の先生を採用する試験の倍率低下の調査だった。

まず手がけたのが、非正規教員の方だ。

文部科学省は「いわゆる『教員不足』について」という報告を2018年に発表している（https://www.mext.go.jp/b_menu/shingi/chukyo/chukyo3/002/siryo/__icsFiles/afieldfile/2018/08/08/1407922_10.pdf）。だが、小学校が11自治体、中学校は10自治体を調べただけで、全国調査はしていない。メディア各社も独自に調査しようとしても、回答を拒否する自治体が多く、全てを調べ切れていなかった。

そこで私たちは各都道府県、政令指定都市と、大阪府が人事権を移譲した豊能地区の３市２町を対象に、年度初めと、学校基本調査の基準日にあたる5月1日の2時点の未配置の件数を尋ねた。

まず電話し、担当部署を聞いて、さらにその部署に電話をかけ、メールのアドレスを教えてもらい、メールで調査票を送る。調査は難航した。「未配置の件数？　数字は、そもそも調べていません」「公表しない方針です」「なぜそんな数字を調べるのか、意味がわからないです」……。特に、10あまりの自治体は回答拒否か、それに近かった。それを繰り返し説得した。なかには、わざわざ調べてくれた都道府県もある。「電話をかけてこられると、朝日の記者さんの声だとすぐわかる。根負けして調べました」と苦笑した県の担当者もいた。

そして、やっと5月1日段階だけは全都道府県と政令指定都市の件数がそろった。調査を始めてから３カ月たち、８月になっていた。

３　非正規の先生の不足は１２００件超

結果はこうだ。全国の公立小中学校で起きている非正規教員の未配置は２０１９年5月1日現在、１２４1件だった。単純計算すると、全国の小中学校約3万校の約４％で教員が想定より足りないことになる。前回の調査では年間で８００件だったから、深刻さが増したのがわかる。

自治体ごとに件数をみると、未配置の最多は熊本県の１０３件で、茨城県１０２件、愛知県92件、宮城県85件、神奈川県82件と続く（表2－1）。なぜこれらの自治体が多いのか。研究者に依頼し、教員の採用倍率やその地域の失業率の経済統計などと相関がないか、分析してもらった。だが、相関は出てこなかった。

表2-1　2019年5月1日時点で未配置が多かった自治体

自治体名	小学校	中学校	合計
宮城県	66	19	85
茨城県	56	46	102
神奈川県	71	11	82
愛知県	61	31	92
福岡県	34	10	44
熊本県	77	26	103
横浜市	55	2	57

図2-1　代わりのいない「未配置」はどんなケース？

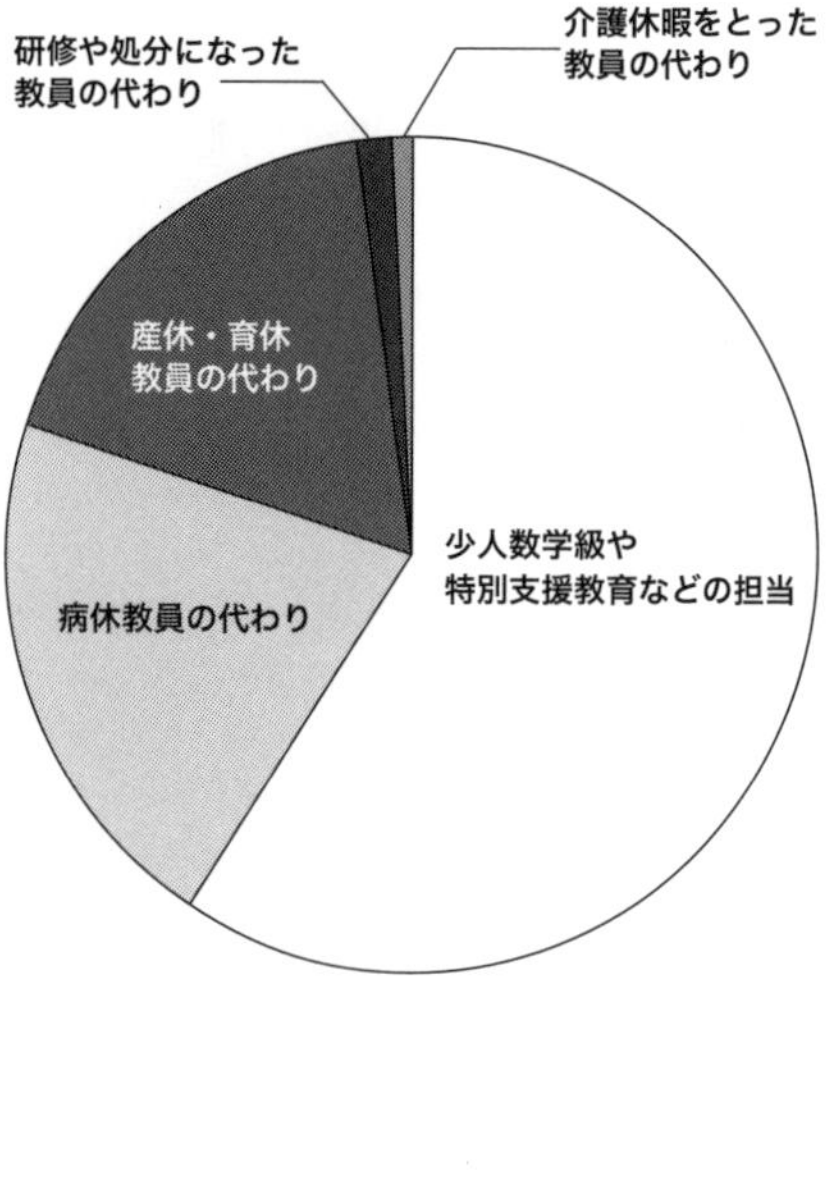

一方、18教委は「０件」と答えた。ただ、０件だった自治体のいくつかに6月頃、改めて電話してみると、その時点で20件以上になっている自治体があるなど、変動が大きかった。

１２４１件の未配置の内訳をみると、「少人数学級や特別支援教育などの担当」が７３６件（59・３％）、「病休教員の代わり」が２５７件（20・７％）、「産休・育休教員の代わり」が２２３件（18・０％）、「研修や処分になった教員の代わり」が15件（１・２％）などだ（図２―１）。

こうした未配置はなぜ起こるのか。詳しく見てみよう。

熊本県は小中学校で教員の未配置が１００件を超え、全国で最も多かった。担当者が要因として挙げたのは、特別支援学級が県内（熊本市を除く）で、昨年度の９１１学級から９７６学級へと65学級増えたことだ。「特

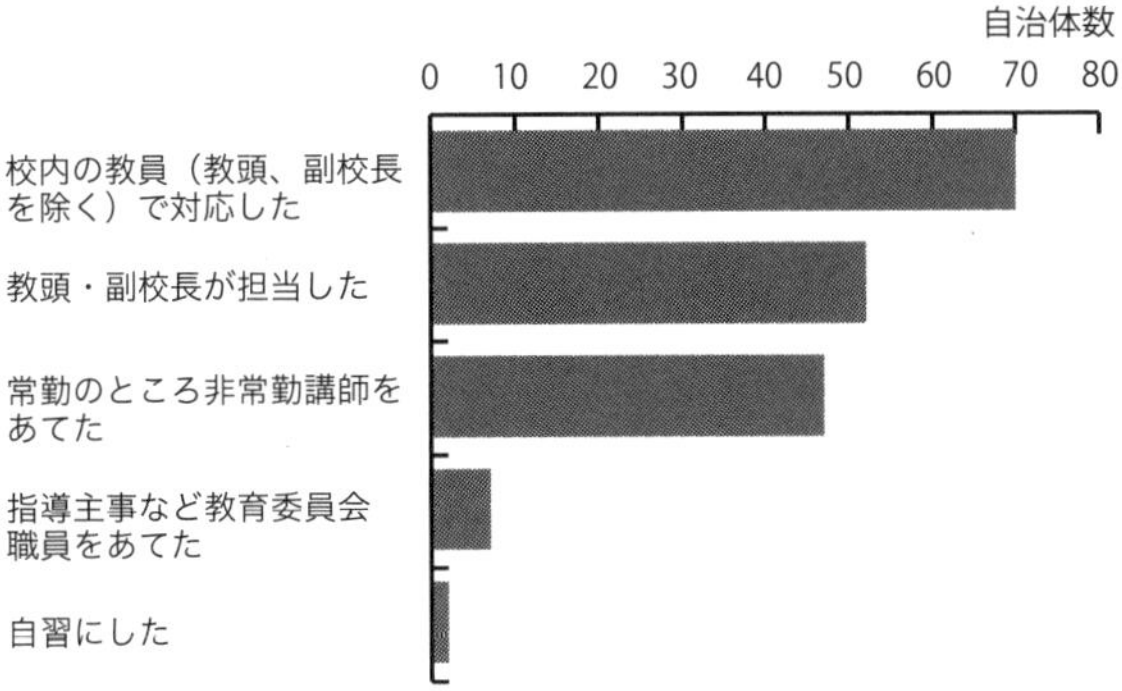

図2-2　未配置にどう対応した？

別支援教育を受けさせたいと要望する保護者が増加している。それを受けて学級を作ると、担任として新たに教員を配置しなければならず、人数が足りなくなる」と担当者は話す。結果的に、少人数指導などにあてる予定だった教員を回して対応しているという。

特別支援学級は通常学級と異なり、希望する児童生徒が1人でもいると開設を決める市町村教委も増えている。そこに、子どもが特別支援学級に入るのかがなかなか決まらなかったり、転出入したりすると、学級数が確定するのは学年が始まる直前になる場合がある。

特別支援学級の増加を、非正規教員が必要となり未配置が生じる理由として挙げる教委は他にも多い。92件の未配置を抱える愛知県は2019年度、小中学校の特別支援学級が5年前より3割以上増えた。82件の神奈川県、44件の福岡県を含め、調査対象の72教委のうち55教委が、特別支援学級の増加が未配置の理由になっていることについて「よくあてはまる」「どちらかといえばあてはまる」と答えた。

また、神奈川県や愛知県は、「産休・育休を取る教員が増えている」ことについても「よくあてはまる」と回答した。この理由について「よくあてはまる」「どちらかといえばあてはまる」と答えたのは計54教委だった。現在は、第2次ベビーブームに対応するために大量採用されたベテラン教員が定年を迎えており、各地で新たに採用する教員が増加している。その分、若手が増え、結果として、出産期を迎える教員が多い。文部科学省によると、２０１４年度に育休をとった教員は３万７０５２人いたが、17年度は４万２７６２人に増えた。

学校は、どう対応しているのか。「校内の教員で対応した」と答えたのが70教委、「教頭や副校長が対応した」というのが52教委、「常勤のところ非常勤をあてた」のが47教委、「自習にした」のが２教委などだった（複数回答あり、図２-２）。

4　現場任せの実態

ただ、これらの数字はあくまでも行政側、都道府県教委側から見たものだ。教員の未配置の現場である学校で、具体的にどんなことが起きているのか。教委や教職員組合に教えてもらい、直接学校を取材した。

ある東北地方の小学校は、２０１９年６月から産休をとった特別支援学級の担任の代わりが来ず、教務主任が受け持った。教務主任はふつう担任を持たず、全体の教育活動の計画を立てる重要な職務だ。特別支援学級の担任も兼ねることになった教務主任は、担任の仕事を終えてから学校の計画づくりや時間割の調整などに取りかかる日々に。１学期は夜９時過ぎまで職員室にいる日々が続いた。取材した19年８月段階で、この学校は産休の代わりの講師が来るめどは全く立っていなかった。

関東の小学校では、産休に入る先生が同僚たちに「ごめんなさい」と言いながら自ら講師を探していた。だが産休に入る日に間に合わず、育休中もなお探していた。「本当に申し訳ないです」と彼女は私にまで謝った。

西日本の30代の講師は、ある中学校から「国語の先生がやめて人がいない」と頼まれた。中学・高校の体育などの免許しか持っていないが、「教育委員会が臨時免許を出すというから、現代文の文法だけ教えてくれればいい」と言われた。仕方ないと引き受けた。

授業では副教材の問題を生徒にひたすら解かせ、指導書を片手に内容を説明した。だが、生徒の質問に答えられない場面もあった。「自分もしんどかったが、専門でない教師に当たった子どもたちがかわいそう。パズルの穴を、合わないピースでともかく埋めている状態だった」と明かした。

どのケースについても、人がいないのに困った学校現場が人探しに走り、何とか対応しようとしていた。これでは「働き方改革」などあったものではない。子どもに影響が出ないようにと頑張る先生たちの必死さに、言葉をなくした。教委は教員たちの努力にあまりに頼りすぎていないだろうか。

また、ある市を取材すると、この市の件数が、調査した県全体の件数の５分の４を既に占めていることがわかった。一つの市だけでそこまでというのは、都道府県が各市町村の未配置の件数を把握し切れていないのではと思った。私たちの調査はあくまでも都道府県が把握した件数であって、やはり問題を深刻に受け止めているのは設置者である市町村教委ではないか。隠れた未配置はまだまだあると感じた。

教委には、なぜ非正規教員が減っているのか、その直接的な要因を尋ねた。最多だったのが「講師名簿の登録希望者が減った」で55教委（76％）、次が「採用候補者が他県や私学などに就職した」で37教委（51％）、3番目が「採用候補者が教員以外の職に就職した」で29教委（40％）などだった（表２‐２）。特に３番目は調査当時、民間の労働市場が人手不足で売り手市場になっていたことがかかわっていると思われる。

表2-2　なぜ未配置？

欠員や必要教員数が増えたことにかかわる理由			（数字：自治体数）
	あてはまる	あてはまらない	わからない
特別支援学級が増えた	55	15	2
産休・育休取得者が増えた	54	16	2
病休者が増えた	30	39	3
早期退職者が多かった	23	47	2
再任用を希望する退職教員が少なかった	22	48	2
転入で学級が増えた	17	49	6
教員採用試験の辞退者が増えた	13	56	3
教員採用試験の応募者が減った	3	66	3
正規教員の採用を抑制した	3	66	3

常勤講師の確保の難しさに関する理由			（数字：自治体数）
	あてはまる	あてはまらない	わからない
講師登録名簿の登録希望者が減った	55	11	6
採用候補者が他県や私学など他の学校に就職した	37	15	20
採用候補者が教員以外の職に就職した	29	19	24
採用候補者が教員の勤務環境が厳しいと感じて避けた	11	18	43
採用候補者が免許上の未更新で採用できなかった	6	57	9

５　底流に国の政策の問題が

ただこうした要因は、未配置の直接の引き金になるものだ。それに対して、底流の問題として研究者が指摘したのが、国が非正規教員を採用しやすくする規制緩和の道を選んだことだった。

文科省は２００１年、まず義務教育費国庫負担金の対象に非常勤講師を加えた。非常勤の人数と労働時間を掛け合わせ、常勤の何人分にあたるかを換算する。常勤の人数を非常勤に「崩す」という意味で「定数崩し」と呼ばれた。

続いて２００４年からは、国の決めた補助金の総額の範囲内なら、都道府県が給与や人数を自由に決められるようにした。「総額裁量制」だ。この仕組みで、自治体は独自の少人数学級を実現できるようになったが、給与を抑えて常勤・非常勤の人数を増やすことも可能になった。

このため財政難の自治体では、人件費を低く抑えられる非正規教員の雇用が拡大した。自治体が得たのは少人数指導など独自の政策を実現する裁量だったが、それは教員の人件費を抑制する自由だったといえる。

こうした規制緩和によって、非正規の教員の数は増えていった。国は現在、非常勤の人数ではなく常勤に換算した統計しか公表していないが、各自治体は「さらに増えている」と口をそろえる。その結果、各自治体内の非正規教員のストックが減っていったと思われる。

これまで述べてきた要因をふり返ると、教員の代替わりや多忙化、国の定数政策など構造的なものが含まれ、それらが複雑に絡み合っている。一自治体でなかなか解決できるものではないことがわかる。

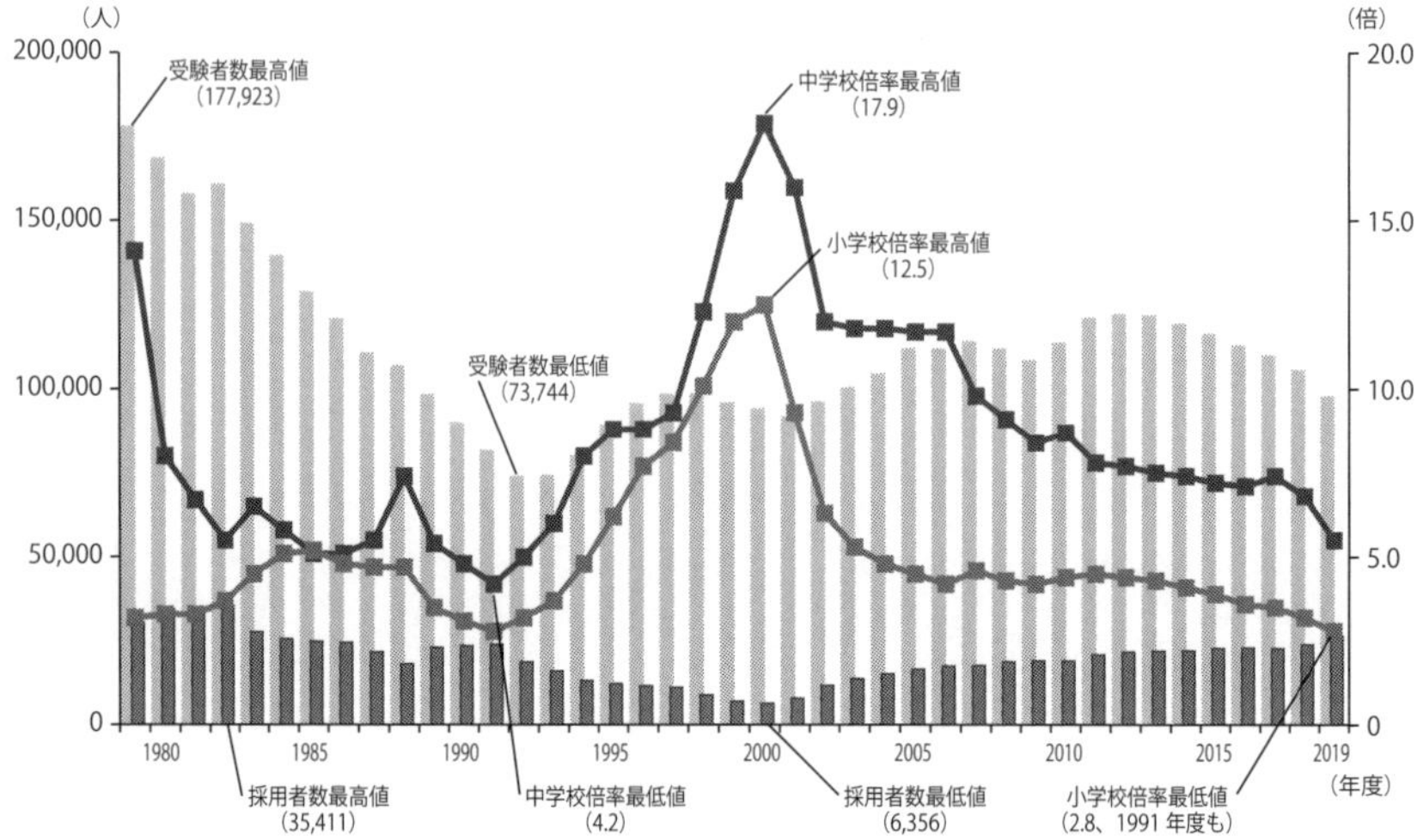

図 2-3　総計　受験者数・採用者数・競争率（倍率）の推移
出典：文部科学省（2019 年度は朝日新聞）の調査から

6　採用試験１・２倍の県も

　そしてもう一つのテーマ、正規の教員の採用倍率の低下問題に、仲間の記者たちと取り組み始めたのは、非正規の教員の調査が一区切りついた２０１９年の７月半ばからだった。

　やはり各自治体に電話をし、メールで調査票を送り、回答を返してもらう。結果によると、19年度から雇用された教員向けの採用試験の受験者は約９万８千人だった。文科省によると、前年度は約10万５千人だから、７千人ほど落ち込んでいる。最近多かった12年度の約12万２千人からすれば、約２万４千人減ったことになる。

　一方、19年度の小中の採用者は計約２万６千人。18年度より２５００人ほど増えた。受験者は減り、採用者は増える。そのため、採用試験の競争率（倍率）は下がり、19年度は小学校が約２・８倍、中学校が約５・５倍となった。文科省によると18年度は小学校が約３・２倍、中学校が約６・８倍だから、それより下がっていた（図２−３）。

近年の競争率のピークは２０００年度で、小学校が約12・5倍、中学校が約17・9倍だった。その後は採用者増などが影響して下降傾向となったが、ここ数年はさらに受験者の減少で下がり方が加速している。年度によってこれほど倍率が違うとは。２０００年度の受験者が気の毒になった。

調査では、教委に「望ましい人材を確保するうえで十分な倍率か」と聞き、62教委が回答した。「やや不十分」は36教委（58・1％）、「不十分」は7教委（11・3％）で、計約7割を占めた。

倍率の低下の理由を複数選ぶ設問には、65教委が回答した。多かったのは「民間企業など他業種の志望者が増え、受験者数が減った」で50教委（76・9％）、「定年退職者が増え、採用予定者数が増えた」が41教委（66・1％）、「多忙であるなど教職へのイメージが低下し、受験者数が減った」が36教委（58・1％）だった。

倍率には地域差もある。19年度に最も低かったのは、小学校が新潟県（1・2倍）、中学校が北海道（2・4倍）。最も高かったのは、小学校が兵庫県（6・1倍）、中学校が福岡市（14・1倍、中高枠の受験者含む）だった。

取材では「3倍ないと、まともな選考ができない」という声をよく聞いた。「3倍」には科学的な根拠はないが、長年選考しての実感なのだという。

7　大学生はどうみる

では、当の大学生はどう考えているのだろう。

教委の回答からは見えない問題をつかみたいと、教職を敬遠する大学生たちを40人以上訪ね歩き、電話で話を聞いた。

東京の教員養成大学の女子学生（21）が教員を目指そうと考えたのは中3の時だったという。理科の先生

の授業が楽しく、世界がぐんぐん広がっていくのを感じた。卒業生の多くが教員になる教員養成大学に進んだのも、そのためだった

ところが大学2年の時、現役の教員がツイッターを使って発信する労働環境や部活の実態を知って、衝撃を受けた。「#先生死ぬかも」とハッシュタグが広がっていた。

「これってやばくない？」と友達5人と話し合った。友達は全員、教員ではなく民間企業への「就職組」となった。彼女も航空会社の客室乗務員になった。「ツイッターの先生たちも、あこがれて教員になったはず。私たちは教員の魅力を十分知っているが、それを上回る不安がある」

首都圏の国立大学の3年の男子学生（20）が教員を志したのは、小学校のときの担任の先生の影響が大きかったという。その先生は学級会の議題も、クラスの遊びもすべて子どもたちが決める形をとった。「子どもの主体性を引き出すやりかたが凄いと思った」

自分の教育実習でも同じ遊びをやってみた。「ほんとに自分らでやっていいの？」と言いながら、子どもたちは夢中になった。

ただそんな授業を支える準備は大変だ。事務仕事に時間がかかり、午後7時ごろから始めて10時頃までかかる。新米だからだと思っていたが、周りをみると、職員室で残っている先生が3、4人いる。しかも毎日だ。いらいらして子どもに当たっている先生もいた。こんな職場でいいのか、と思った。

仲間の学生たちは実習を境に、体力が持たない、自分は手が抜けないのでやれない、などで抜けていった。いま、教員を目指すのは半分くらいに減った。では、自分は。教育者になりたいという気持ちは変わらないが、学校に行くかどうか。迷う気持ちは日増しに大きくなっている。

別の大学の4年の男子学生（22）が教員を志したのは、小学5年の時の道徳の授業だった。先生が示した

二つの選択肢はどちらも自分の考えとは違っていた。どちらにも挙手しないと叱られた。「こんな先生にはなりたくない。子どもの考えから出発する先生になりたい」と思った。

だが、今は気持ちが揺らぐ。若手教員に「現場はブラックだと言われていますけど、どうですか」と尋ねると、「夜10時まで学校にいるが、ブラックとは思わない。なぜなら子どものためだから」と返答された。「子どものため」に引っかかった。「それを言えば、すべてOKという魔法の言葉になっている」。時間をかけて考えたいと、教職大学院に進んだ。

教育大学の大学院修士の男子大学院生（24）は高校の教員を目指していた。ソフトボール部でインターハイの常連チームだったが、予選敗退が悔しく、「先生になって、顧問でリベンジする」と思った。

教育実習で訪れた母校では夜10時すぎ、教員から声をかけられた。「先生たちいっぱい、残ってるやろ。ここが学校だよ。お疲れ様」

「ここが学校」――。何の言葉も返せなかったという。彼はその年の教員採用試験を受けたが、合格しなかった。翌年4月、その教員に再び会おうとしたが、すでに辞めていた。

とりあえず大学院に進んだいま、思っているのはこんなことだ。「教員は特殊な聖職者ではない。『人間宣言』し、社会がそれを受け入れることが必要ではないか」

取材に応じてくれた多くの学生が、問わず語りに語った。それはかつて取材した、崩壊学級の担任の先生と重なる。質問しなくても独白で話が進んでいくのは、自問自答を繰り返してきたからだろう。

「彼らは現場の魅力を知らないからだ」というベテランの先生もいたが、取材した学生らはSNSで発信する現職教員の生の声で学校の勤務の大変さを知り、それを教育実習で確認しているのだ。

いまや先生は安定した「堅い」仕事ではない。保護者も勧めず、逆に「先生になって大丈夫？」と問いかけるのだという。「私たちは、先生という仕事を民間企業と同列に考えています。オンリー・ワンじゃないです。そう、ワン・オブ・ゼム」。ある女子学生が話した言葉だ。

8 コインの裏と表

ここまで非正規の教員の不足と正規の教員のなり手の減少をめぐる取材をたどってきた。二つの現象は細かく見ると、要因や背景に違いがある。だが先生の需給のバランスが崩れている結果であるのは確かだ。

二つの問題は関係もある。正規の採用試験の門が広がったことから、いままでは採用試験を落ちて非正規教員になっていた層が合格しやすくなり、非正規教員の人口が減っていった影響も指摘されている。両方の問題は「コインの裏表」といえる。

さらに後ろに退いてみたとき、浮かび上がるのは先生という仕事が選ばれなくなっている、公教育の担い手の仕事が避けられているという現実だ。

ふり返れば、教員の仕事は厳しさを増してきた。学力向上、いじめ、不登校の指導、保護者への対応、部活動、事務仕事……。社会からの要請で学校の役割はふくらんだ。その結果、文科省が２０１６年、勤務実態調査をすると、小学校教員の3割、中学校の6割が過労死ラインを超えていた。

これを受けて中央教育審議会は19年1月、働き方改革の答申をまとめた。時間外勤務の上限規制のガイドラインなどを提案し、それを受けて国会で12月、給特法（公立の義務教育諸学校等の教育職員の給与等に関する特別措置法）が改正された。公立校教員の労働時間を年単位で調整できる「変形労働時間制」の導入を盛り込んだ。

ただ中教審は、給与の問題には踏み込まずじまいだった。給特法をもとにした「残業代を出さない代わりに、給料月額の４％を一律に支給する」という仕組みのために、「勤務時間を意識しにくい」などと批判され、改正を求める声が教員たちから重なっていた。しかし、見直しには巨額の予算が必要になることもあり、中教審では本格的な議論は行われずじまいだった。

9　教育のスリム化の流れ

取材した多くの大学生が、教職を志すのをやめた理由として「ブラックな職場」「残業してもタダ」という問題を挙げていただけに、給特法は働き方や待遇の問題は大きな影響を与えていると感じた。このままでいいのか、と思った。

学生を教員から遠ざける要因はほかにもある。文科省の政策だ。教員評価の広がりに加え、教員免許の更新制も２００９年から始まり、なお続いている。一度取っておけば生涯有効だったはずの免許が、有効期限10年間にされたのだ。

教員の人数を増やす「定数改善」もなかなか進まない。各国が小学校から大学や大学院、専門学校など教育機関に対して行った公的支出の国内総生産（ＧＤＰ）に占める割合は、日本は２・９％。比較可能な35カ国中、３年連続で最下位だった。

こうした「教育のスリム化」が、先生のなり手不足に結びついているのは間違いない。教室にいるべきはずの先生がおらず、未来の教員となるはずの採用試験の受験者も減っている。ＮＨＫは２００８年の放送で「教育に穴が空く」と表現したが、穴が空くどころか、もはや底が抜けているといっていい。これが日本の義務教育の現実である。

ところが、こうした分析と、文科省の認識は違うようだ。文科省は毎年12月、「公立学校教員採用選考試験の実施状況について」という発表をする。各都道府県の採用試験の受験者数や倍率がここでわかる。19年12月、その発表でこんな分析がついていた。

〈中長期的なトレンドでは、採用者数が平成12年度以降ほぼ一貫して増加しており、近年の採用倍率低下は、大量退職等に伴う採用者数の増加の寄与するところが大きい。例えば、小学校において採用倍率が過去最高の12・5倍であった平成12年度においては、受験者数が4万6156人、採用者数が3683人であるのに対し、令和元年度においては、受験者数は4万7661人とむしろ増えている一方、採用者数は1万7029人と5倍近くに増えた結果として、採用倍率が2・8倍まで低下している〉

〈特に採用倍率が低下している小学校について詳細に分析してみると、受験者数のうち、新規学卒者に限定すれば平成26年度以降も減少しておらず横ばい傾向であり、受験者の減少分のほとんどは既卒者である。このことを踏まえれば、小学校における受験者数の減少傾向は、近年の民間企業等の採用状況が好転していること等により、教員採用選考試験に不合格となった後、講師を続けながら教員採用選考試験に再チャレンジする層が減ってきていることが主な理由であると考えられ、学生からの教職の人気が下がっているためとは現時点では必ずしも言えない結果となっている〉

つまり採用枠が広がったことが主因であり、非正規教員で新たに採用試験を受ける層が、非正規の教員不足で減ったため、受験者数が減っている、というのだ。そのこと自体は否定しないが、「学生からの教職の人気が下がっているとは言えない」という結論には同意できない。教育実習に行きはしても採用試験を受けなかった、採用試験に合格しても、教員にならなかった学生は少なくない。そしてなにより深刻なのは、中高生に取材しても「先生は働くのがきつそうだから、やめとこうと思います」、保護者からも「先生になるというから『やめときなさい』といっています」などの声が聞かれることだ。大学を受ける前に、教員になる夢を捨てている層があるとしたら――。教育の見えない崩壊が進んでいると私は思う。

10　静かな危機をどうする

調査をした翌2020年、新型コロナウイルスの感染が日本全土を覆い、安倍晋三首相は2月27日、学校の一斉休校を要請した。そして学校は卒業式も、入学式もいつものようにできなかった。非正規教員の不足はどうなっているだろう、と前年に取材した小中学校に電話をかけた。すると、やはり空席になっているという。「子どもがコロナで来ないから、ほっとしています」「少し猶予をもらった感じです。でも、時間で解決する問題ではないのですが」と校長先生たちは語った。

そして文科省は第二次補正予算で、教員の加配を3100人分盛り込んだ。

日本教育学会は5月末に提言を発表し、教職員は1校当たり小中各3人、高校2人の約10万人が新たに必要という結果を打ち出していた。取材した研究者から聞いた、文科省の加配はあまりに少ないという指摘が重なった。

だが現場の教員たちからはツイッターで「文科省はいまの学校の現実を知っているのか」「全員、教員がそろっていると思っているとしたら、あまりの認識不足だ」との発言が相次いだ。

ある県の教委担当者は言う。「学校再開後は、子どもの検温や健康観察、少人数授業、補習授業など、人手がいくらあっても足りない状況になる。加配の枠はほしいが、人がいないから手を上げられない」

教員不足は今後、どうなっていくのか。コロナによる不況の波が押し寄せるとするなら、民間企業の採用が絞り込まれ、その分、教員の道を選ぶ人が増えるのかもしれない。だが、待遇を良くしなければ、優れた人材を集めることはできないだろう。

非正規教員の不足の実態と、学生がなぜ教職を選ばなくなっているかの理由は、本来であれば文科省が全国調査し、中教審で対策を練るべきだろう。だが、その動きは20年9月現在、ない。

先生という仕事は、子どもの今を引き受け、子どもと社会の未来をつくる営みである。その仕事が細ることは公教育が縮んでいくことでもある。教育全体の静かな危機に向き合い、解決の道を探ることがいま、急がれていると思う。

第３章　今の学校には、クラスに「教師」がいない

佐々木仁（神奈川県相模原市公立小学校教諭）

1　子どもたちが育つ

「学んだことのただ一つの証は、変わることである」

林竹二氏（宮城教育大学）の著書から学び、教師になって2年目。何かとトラブルを起こし、生き生きしていない子どもたちに私は悩んでいた。そして、子どもたちが変わるためには「私自身が学び、変わらなければならない。いったいどのように学んだらよいのだろう……」と迷っていたときに科学教育研究協議会（以下、科教協）に出会った。

科教協では、自然について見つけたことを朝の会などで発表する「自然のたより」など、学習内容を明確にした授業づくりを通して、子どもたちが主役の学習が行われていた。この実践を学ぶことで、授業が変わり、子どもたちの姿が変わっていった。

３年生の理科には「物の重さ」の学習がある。学習の最後に「泳いでいる金魚の体重を量るためにはどうするか？」と問題を出し、子どもたちと考えた。はじめは「金魚を台秤に乗せればいいと思ったけど、それ

では金魚が死んじゃう……」と悩んでいた子どもたち。やがて「金魚を水槽から取り除いて別の水槽に入れておく。それで金魚が入っていた水槽の重さが軽くなった分が金魚の体重である」ことが発案された。実験して確認する。金魚が入っていた水槽が約70g軽くなったことから、それが金魚の体重であることがわかった。

この学習後、パンをトースターに入れて焼く前と後で重さが変わったことから、パンの水分が減ったのではないかという発表もあった。また、トイレに行く前に自分の体重を量り、減った分がトイレで排尿してきた分だということを嬉々として発表してくれた。「重さ」を学習したことで、ものを見る目が変わり、それを楽しむ子どもたちがいた。そして学年の最後に、つぎのように書いてきた子がいた。

「ぼくは、自然のたよりで、毎日発表したいことがあります。だから毎日手を挙げました。説明するのが楽しいし、発表するのも楽しいし、友達と一緒にやるのも楽しいし、見つけるのも楽しい。だからたくさんやった。自然のたよりで発表するためにたくさん見つけました。」

発表活動として日常的に行われる「自然のたより」と教科学習を関わらせることで、自然を見る目や、授業への臨み方が明らかに変わり、「知りたい、やりたい、話したい」という子どもたちが育っていったのである。

2 学校の現状

子どもたちを育てるためには、教師が「何を教えるか、どのように教えるか」と考えなければならない。教えたい内容を明確にすること、そして一方的に教えるのではなく、子どもたちが自分たちで気づき自ら学ぶように育てなければ、子どもたちにとって生きて働く力にはならない。つまり、授業準備には「教材研究」といわれる時間が必要になる。このため、多くの教師は教材研究を行うことで「子どもたちをよりよく育てたい」と願っている。

しかし、現在の学校では、このもっとも大切にするべき授業準備を行うことは難しい。まず、校務といわれる事務作業が授業準備よりも優先される。また、授業づくりも学力学習状況調査（以下、学力テスト）や業者作成の市販テストによって「これが学ばせるべき内容」として規定されている。さらに、授業準備から評価までの授業を定型化し、保護者への説明責任に備えるリスクマネジメントも求められている。

私たち教師の仕事は、「リスク回避」なのだろうか。「先生、授業たのしいよ！」と笑顔で話してくれる子どもたちのために、授業づくりに取り組むことこそが一番にしたいことなのに……。

（1）膨大な成績処理作業

新型コロナウイルス感染拡大防止のため、２０２０年3月から学校は休校になった。子どもたちが学校に来なくなり、授業を行っていた時間は宙に浮いた。「学校は休校になったが、少しでもプリントなどを通して子どもたちに学び続けてほしい」――そう考えていたが、実際には取り組めなかった。授業を行っていた時間を「子どもたちのため」に使うことができなかったのである。

なぜか。ここ数年ではじまった成績入力システムに四苦八苦の状況であった。想定していた成績がパソコン上に出力されない結果、学習指導要録（学籍簿）に反映された成績がありえない評価になっていた。何が原因かを探る日々が続き、何日もそれに取り組まざるを得ない状況が続いた。そして保護者に渡す3学期の成績表については、誤字脱字のチェック、出欠席日数の確認を何重にも行うことになっている。少しでもミスが発覚すれば教育委員会に報告しなければならないため、何回もチェックをする。こうした作業を繰り返すだけで休校中の毎日がすぎていったのである。

休校になっていなければ、こうした成績処理作業は授業後、つまり16時から行っていた作業である。当然、勤務時間内には終わらないので、土日も出勤しなければならない。また、こうした評価作業は学期末だけでなく、成績入力システムには日常的に入力しなければならない。校務に加えてこのような作業が、授業準備よりも優先となっている。

(2) 授業以外の校務

授業以外に様々な校務を私たちは抱えている。学校行事では、年度始めに運動会があり、2学期には文化的行事があり、校外学習がある。それらすべてに「計画立案・学年検討・管理職への報告」「練習などの実施」「評価・反省」の書類作成が伴う。

また、生活指導として取り組まなければならない校務もある。何事がなくても報告が必要な毎月の「いじめ報告」。気になる子どもとその行動についての「気になる児童報告」。学童や児童相談所などの外部機関との連絡相談（相談するべき事案があれば4~5時間は必要)。子どもや保護者との対応検討会議や、保護者との面談。それらすべてにおいて記録を残したり、報告したりする必要がある。

さらに、学校内で分担している校務もある。防災安全担当は緊急時の避難計画立案だけではなく、登下校で地域や保護者から様々な意見が寄せられる。「子どもの行動が危ない」「子どもがうるさい」「自転車の乗り方が迷惑」「道にゴミを捨てた」などなど。そして、それら一つひとつに対応しなければならないのである。

必然的に、授業づくりにおいて「教えたい内容は何か」「どのように教えるか」などを考える時間はなくなっていく。授業は教科書・指導書通りになる。一方的に指導書に示された内容を時間通りにやれば、学年末までに学習指導要領に示された内容を「こなす」ことができる。そして、「こなした」ことを業者が作成する市販テストによって評価すれば、成績作成ができる。子どもたちとの探究的な学びがないため、「このままでは成績が△になるよ」といった声掛けまでなされる実態がある。その結果、教師の顔色をうかがい、正解を求め、教師からのよい評価ばかりを気にする子が育っていく。

現状の学校では、評価資料のシステム入力作業に忙殺され、授業以外の校務に追われていく結果、教科書・指導書通りにこなさざるを得ない「考えない教師」になってしまうのだ。

（３）評価の統一と授業の画一化

４年生の理科に「空気や水をとじこめると」という教材がある。まず授業をする前の準備として、子どもの姿がどうだったら「A評価、B評価、C評価」になるのかといった評価基準を学年で話し合う。たとえば、「B評価：空気には圧縮性があることを考える」という設定をした後、「A評価：圧縮性を使ったものが身の回りにあることに気づける」、「C評価：圧縮性に気づくことができない」などと学年で基準を設定していく。

そして、それらの基準に達しているかどうかを、授業のどの場面で、どのように見取るのかを考える。「発言内容」でみるならば、全員を発言させることになる。「ノートの記述」とするならば、全員にノートを書かせ、全員の記述を評価することになる。最後に成績入力システムに入力できるようにするために評価項目を作って挿入する。そこまでやってから授業をするのである。

そして、授業をした後は、評価基準に照らし合わせて成績入力システムに入力していく。さらに学年で評価が適正かどうかの確認作業をしなければならない。A評価、C評価の人数がクラスごとにばらつきがないかを学年で確認し、これらの進捗状況はいつでも管理職（校長、教頭）が把握できる状況にしなければならない。

こうして評価を学年全体で統一していくと、「授業の内容も一律にしていくべき」となるのだ。子どもたちは日々成長している。クラスによって、子ども一人ひとりによって「ちがい」がある。このため、子どもたちが主体的に学ぶ探究的な授業をしようと思えば、この「ちがい」を生かした授業づくりが必要になる。しかし、学力テスト体制で説明責任を果たすためには、この「ちがい」があっては困る。このため、授業内容もどのクラスでも同じように画一化されていく。

3 保護者の「不安」と「同調圧力」

(1) 不安と一律化

「隣の学校は、プリントを20枚近く出しています。もっとプリント出ないんですか?」

コロナウイルス感染拡大防止のために休校となり、休校中の課題として10枚ほどのプリントを出した際、保護者に言われた言葉である。

膨大な評価作業・校務の作業に加えて、こういった保護者からの声に応えていかなくてはならない。現在の私たち教師は、子どもに向き合いつつ、その保護者とも同じような熱量で向き合わねばならないのだ。本来、子どもを中心にして「何を学ばせるか、どのように育てるのか」を共同で取り組むはずの保護者なのだが、さまざまな情報が飛び交う結果、同調圧力によって他の学校と比較するため、「プリント20枚」の事例のように、一律化されていなければ保護者は不安を感じてしまう。しかも同じ学校内においても「他の学年」「他の学級」「他の子」と一律化されていなければ不安を感じてしまうのである。

私たち教師が「プリント10枚でいこう」と判断するのは、目の前の子どもたちを考えてのことである。にもかかわらず、その判断以上に隣の学校と同じ「一律化」を保護者は求めてくる。

（2）学力学習調査

現在、私たち教師は、一人ひとり個性という「ちがい」のある子どもたちを育てることと、一律化を求める保護者の声に悩まされている。なぜそこまでして「同じ」でないと不安になるのだろうか。

そこには「学力テスト」の影響がある。一律の評価基準に子どもたちの学びを当てはめて数値化し、各都道府県単位の平均点を出す。低い都道府県、低い地域、低い学校と報道されないように、常に平均以上を目指したいという思いを、今の学校はもたされている。このため、「数値」で子どもを評価するようになり、他の子どもと「ちがう」ことに不安を覚えてしまう同調圧力が、社会全体で強まっている。そして、保護者も教師も学校も「一律化」によって安心を求めるようになってしまうのである。

4　「学校スタンダード」が生みだす考えない学校と子どもたち

「〇〇先生はいいって言っていたよ（あるいはダメって言っていたよ）」

子どもがよく使う言葉だ。子どもは賢く、この言葉の利用価値をよく知っている。また、教師も子どもたちに言うことを聞かせるために「学校の決まり」を利用する。「学校スタンダード」を作り、一律の指導を行おうとするのだ。このため、異動してきた教員が「この学校は、鉛筆は何本までですか？」というようなことを確認しながらクラス運営を進めていく光景も見られる。

学校は、子どもたちのみならず、教師たち・保護者たちも成長するための場所である。学校スタンダードは、学校に関係するこれらの人たちを思考停止状態にしてしまい、その子どもの成長も、教師の成長も、結果として保護者の成長も阻んでしまう。

また学校は、教科学習によって基礎的学力を育てるとともに、多様な子どもたちが互いに認め合い・高め合う社会性を育てる役割も担っている。子ども一人ひとりに「ちがい」があるため、よりよい学校生活を営むためには、お互いに意見を出し合って学校生活の規範について合意する必要がある。そして、みんなで合意したことをもとに生活することによって、自分たちでより楽しい学校生活を実現していくことができる。

一方、学校スタンダードのように「なぜそれがいいのか／だめなのか」という判断を、子どもたちがしないで教師が決めてしまうと、教師がいないところでは判断できない「考えない子ども」になっていく。このため、教師が出張等でクラスにいないと、子どもの好き放題になってしまう光景がよく見られる。スタンダードを取り入れ教師が常に判断基準をもっていることで、子どもたちは自分たちの生活から課題を見出すこともできないし、自分たちで判断して行動することもできない。その結果、大人になっても「上からの指示待ち」になり、指示されなければ動けないようになってしまう。

また、教育委員会や学校の管理職が中心となってつくったスタンダードに教師が頼ると、「上からの指示待ち」と同じ構造になる。子どもたちからスタンダードについて「なぜ？」と問われても「学校の（または教育委員会が決めた）スタンダードだから、みんながやるんだよ」ということになり、「なぜ？」に答えられない。それは子どもたちの生活の中にある具体的な事象を、教師として認識し考えられていないことである。スタンダードがあることで子どもを見る必要もなく、スタンダードで子どもたちを管理することが主目的になってしまう。

5　一人ひとり「ちがう」子どもたちを「自分らしく」育てたい

(1) 変化する前の子どもたち

4年生になってすぐに理科の回路学習がある。豆電球が回路の一部になっていることがわかるように実験をし、その結果が目の前に出ているのに、ノートを書いた後「先生、これでいいんだよね?」と承認を求めてきた子どもたち。先生に「正解」と言ってもらわなければ、不安で仕方ないのである。

私は授業を教科書通りにやらないことが多々ある。このため保護者から「教科書を使って授業をしてほしい」「教科書でやらないことによって子どもが不安を感じている」といった苦情をいただくこともある。

クラスの雰囲気も同様であった。先生に「正解」と言ってもらえるかどうかが判断基準であり、「これをやりましょう」と教師が指示したことはやるけれど、それ以外のことはやらない。自分の考えをみんなの前で発言することも少なく、「わたし、意見が違うけどぜったい言わない。だって、なんて言われるか、なんて思われるかもわからないから」とつぶやく子どももいた。

しかし、当然のことながら子どもに、自分の思いや考えがないわけではない。自分の言葉で表現できないことに我慢できず、暴力的になったり、陰で悪口を言ってしまったりということも多々あった。

また、教師にほめられることを嫌がる子もいた。理由は「目立ってしまう」から。目立ってしまうことでみんなからはみ出てしまうことになり、「どう思われるかわからない」という不安に苛まれたくないのだ。また、「ほめられる自分をずっと続けるのも無理」といった子もいた。そして、このような「閉じた姿勢」は、ちょっとやそっとでは変えられないほど頑なであった。

このような閉じた姿勢は、現在の学校も同じである。「学力テスト」という上からの基準が示されることで、保護者や社会に、学校教育における結果の一律化が求められている。このため、学校スタンダードによって教師を一律にし、子どもにも一律を求める。そこからはみ出ないよう、私たち教師は教科書や指導書通りに教える。子どもたちが失敗したり、大きなトラブルにならないよう、不安材料は事前に取り除かれる。はみ出る子どもはＬＩＮＥで噂になり、地域に居づらくなることさえある。こうして保護者にも同調圧力がかかり、「親としてのスタンダード」にあてはまらなければならなくなっていく。その結果、さらに子どもにも、教師にも同調圧力が強まっていく。

そんなスパイラルの中に現在の学校はある。

(2) 育ちゆく子どもたち

① 4月保護者会

年度始めの４月の保護者懇談会で私は、「自分たちのクラスは自分たちでつくる」「子どもたち自らが、よりよくつくりかえることができるようにしたい」とクラスの方針を話した。

子どもたちが自由に意見を出して議論し、試行錯誤をしていく。それには時間もかかるし、失敗もする。しかし、その失敗も子どもたちが自覚し、乗り越えていくことで、自らの力でよりよいクラスになっていくよう取り組ませたかった。学校スタンダードで、「主体的・対話的で深い学び」が育つわけがない。だから、それぞれが自分らしく学び生活できるように、同調圧力で苦しい中でも個性を認めようとする。そうした姿勢で、子どもたち自らが主体的に取り組む授業を日々続けた。

②学校生活

「挨拶、返事、言葉遣い、履物を揃える」「先生の顔を2秒見る」「発言する際の話型を徹底する」。
こういったことをスタンダードとして徹底しなければ、子どもたちはそれらを身に付けることは不可能なのだろうか。

子ども自らが判断し、時には失敗しつつ、具体的な事実を積み重ねていく中でルールを生み出していく。その結果が、スタンダードに匹敵する内容になることは教師の経験上よくあることだ。

「あいさつ」について、こんな事例がクラスであった。

Aさん「朝学校に来ると、友達には『おはよー』とか言っているのに、自分には何も言ってくれない。
　自分の前を素通りみたいにされる。無視されているのかって感じちゃう」

Bさん「あまり気づいていなかったが確かにそうだ」

Cさん「自分も特定の子には挨拶するけど、他の子には挨拶していない」

そうして、〈クラスでお互いにあいさつしよう〉というルールが決まった。朝の教室は「おはよー」であふれた。言っている方も、言われている方も笑顔だ。

上履きが廊下で、ぐちゃぐちゃに置いてあることがあった。低学年の子どもたちが廊下を通りづらそうにしていた様子を見た子が「ごめんね」と言いながら、その場で上履きを並べなおした。そして「通る人に迷惑だから」と、上履きを揃えることになった。

こうして、「返事」「言葉遣い」「履物を揃える」について、子どもたちが自分たちで問題にして、自分たちのルールをつくっていった。

クラスの子どもたちに、私は「スタンダード」を示さなかった。しかし、多くの場合は失敗体験がスタートとなり、互いが気持ちよく、よりよい学校生活にするために、自分たちが主体となって課題を一つひとつ解決していった。スタンダードがないことによって、子どもたちは自分たちの力でクラスづくりをしていった。そして「なぜそうする必要があるのか」という意味を実感し、自分たちの行いに誇りを抱いていった。

③「ちがい」を大切に

子どもたちは「自分らしさ」とともに、「ちがい」も大切にするようになる。

音楽の時間、『富士山』の曲を聴き、その曲が最も伝えたいことは何かを探り、歌い方を工夫する授業を行った。多くの子が次のような発言をした。

「3段目の『かみなりさまをしたにきく』のところの旋律が富士山のような形になっているから、そこをしっかり歌う」

「4段目の『ふーじは』のところはリズムが変化しているから、『ふー』をしっかり伸ばして歌う」

その中で一人の子が「着物って汚い着物かな。きれいな着物かな」と発言した。2番の「からだにゆきのきものきて」という歌詞を受けた発言だ。私も子どもたちも戸惑ったが、ある女の子がこう発言した。

「着物ってふつうきれいでしょ。結婚式の時に着物を着るとか、七五三の時に着物を着るとかでしょ。それで、きれいな着物を富士山は着ているみたいで、だから日本一の山だって言っているんじゃない？」

私は驚いた。「着物って汚い着物かな。きれいな着物かな」という発言は、この授業の本題「富士山の一番言いたいところはどこだろうか」に関わらないと思っていた。だから私も子どもたちもみんな一瞬戸惑ったのだ。しかし、この「着物」発言にしっかりと向き合い、「4段目の『ふーじは』のところが一番言いたいところである」ことを根拠にした意見へと発展したのだ。私は「着物」発言をした男の子に「どう?」と話を振ってみた。男の子は「すごくよくわかった」と納得し、クラス全体もウン、ウンとうなずき合ったのだ。

④深い学び

理科の授業では、２人の意見にみんなの意見が覆されることがあった。

４年生では空気鉄砲を使って「空気の圧縮性は大きい」ことを学習する。授業では「空気を入れた注射器のピストンは押せるか」を考え、話し合った。まずはわからない子どもたちの発言。

「わからない。今までの学習で空気に体積があるため、空気のある所に水が入らない。だから空気が抜けない限りピストンも押せないのではないか。でも自転車の空気入れで空気を押し込むこともある」

空気の体積の実験

「空気が小さくなってピストンは押せる。前にロートの水が下にある三角フラスコに少し落ちたのは、空気の体積が小さくなったからだと思う」

「空気が抜けなければ入らない」と言ったことに、「空気が抜けなくても入る」と答えたのは、40人中２人だった。根拠は上の写真の実験。下の三角フラスコに空気があるため、ロートに入っている水が全部落ちない。しかし２人は「少し入った」ことに注目し、それは三角フラスコ内の空気の体積が小さくなったからだと発言した。

一方、多数の子は「注射器に出口がないから、空気の体積で、私の場所よ！って言ってピストンは押せない」と考えた。

S「自転車の空気入れで思い出した。空気でいっぱいになっているやつにはもっと入れようとしても入れられないじゃん。だから空気の体積は小さくならない」
M「水が少し入ったのはピンチコックをあけた時に少し空気が逃げて、その分入ったんじゃない?」
E「もしそうだとしたら、上のロートに入っている水にぽこぽこ空気の泡が出てくるはずでしょ。でもそんなの出てこなかったから、空気はもれてない」
A「少し入ったのは上が水だったから、空気は水の中に入るから少し出たのかなと思う」
E「泡なんか出てなかったでしょ。前回は水が空気を押したんだけど、今回は水がピストンなの。だから水が少し入ったように、ピストンも押せるってこと!」
Eは写真のように上から空気を圧している水と、注射器のピストンは液体と固体という状態は違っても、〝物〟であるから同じであると言っている。〝物〟が空気を圧しているのだから、水が少し入ったのと同じように、ピストンも圧せば少し入るはずと言っている。
そして、多くの子が、このEの意見に揺さぶられていったのである。
「みんなが同じ一律化」では、「ちがい」は排除されていってしまう。しかし「ちがいが当たり前」の中では、その違いが大切にされていくのである。

⑤3月保護者会
こうした授業を積み重ね、迎えた年度末3月の保護者会では次のような発言があった。

「先生が4月に言っていたことは本当のことでした。子どもたちが育ちましたね」

「4月はじめの懇談会で先生が『自分たちの力でクラスをつくってほしい』と言ったけれど、そんなこと、本当にできるのかなと思っていました。でも1年間担任してもらって、本当にできるようになって、驚きました」

6　子どもたちのために、自らの意志で育てたい教師

子どもたちに自分たちのクラスはどんなクラスだったかを振り返ってもらった時、ある子が次のような文章を書いてきた。


「自分の意志で動く」

自分の意志で動く。悪いことは自分でわかってやめるし励ますときも自分から励ましに行く。みんな協力するときは賑やかでたのしくやって仲がいいクラス。頭がいい人は自分の勉強が終わったら率先して教えたり丸つけしたりしている。思いやりがあっておもしろい。時間が過ぎる時もあるけどそしたら周りの人が教える。1回言われたことはすぐにやめる。楽しい！　いつでもにぎやかでおもしろい！


自分の考えを持ち、自分たちの考えをぶつけあって、そして教科の学習を自分たちの力で獲得したり、自分たちの力でクラスをよりよくする力を、子どもたちはもっているのだ。それを授業によって学びを通して変化させていくことこそ必要なのである。

一律化とは対極にあるような考えではないだろうか。

コロナによって学校が休校になったにもかかわらず、残業をしなければならない事務作業量。そして、学

力テストに基づく一律化の中で保護者は不安になり、その要求に応えなければならない窮屈な学校現場。このような現状にあって、私たち教師こそが「子どもたちに何を学ばせたいか」を問い、「子どもたちのどのような成長を見取るか」に向けて「自分の意志で育てる」ことが必要だ。そのためにこそ時間を使いたい。

そして、子どもたち・教師たち・保護者たちが共に育ちあう学校をつくり上げていくための教育に取り組んでいきたい。

第４章　教員養成の現場から

大貫耕一（東京学芸大学非常勤講師、元東京都公立小学校教諭）

１　学生たちはわかっている

（１）教師になることへのあきらめ

まずは、教員養成系大学において私が担当している講座の学生レポート（一部）を紹介する。

私にとって教師とは憧れの存在だった。学級崩壊を起こしてしまった教師もいたが、私たちに寄り添い、親身になって話を聞いてくれる教師もいた。子どもながらにどの先生は良い先生で、どの先生は悪い先生だというのを感じ、良いと思った先生に憧れ、悪いと思った先生のようにならないようにと思い大学に入学した。

ところが様々な授業を受けていく中で、私の描いていた教師像とは全く別のものが現実だということを知った。保護者対応、ゼロトレランス、スタンダード、クラス作り、授業づくりなど、たくさんのことが教師に負担をかけていることを知った。また、それらが一概にいらないと捨てきれないものであるという葛藤を感じた。

そして、「児童・生徒に寄り添う」という大事な部分がなかなか行えない現実を知った。子ども以上に相手をしなければいけないのは雑務、保護者の顔色、近所からのクレーム、自分の精神状態である。

多くの教師が大変なこと以上にやりがいがあると言っていた。しかし、何かがしたくて、そこにやりがいを感じるというのならば、児童・生徒に向き合える時間がどんどん減少している現代の教育現場のどこにやりがいがあるのだろう。

そう思い始めてから教師を目指すことを諦めた。そしてこの授業を受け、教師が如何に過酷で、またその過酷さの原因を痛感した。多様性が大切にされるからこそ、子ども一人一人を相手しなければならない。しかし、30~40人のクラスで、それはとても難しい。少子化とは言え、クラス人数が20人を下回っている学校ばかりではない。必然的に教師の仕事量は膨大なのだろう。それにも関わらず「あれをやれ、これをやれ」と校長や教育委員会、政府からの命令が来る。それを全部こなすには、果たして一日が何時間なら足りるだろうか。私はこの授業を受けながら常に「おかしい」と思いながら聞いていた。

大学生ですら（おかしい）と感じるのに、世間では散々「おかしい」と言われているのに、教師の待遇や教育に関わる制度は、直接教育現場に関わっていない人たちに決められ悪化している。軍用機に資金を投じ、教育に資金を投じられないのはなぜなのか。「戦争をしない」と決めたのは何だったのか。国を守るために必要なのは、人ではなく機械なのか。

多くの人が思っているにも関わらず、届かない想いである。私は教育から離れることになるが、今後の教育がどのように変化するのか、変化していけるのか、そしてこの授業で学んだ「教師の不遇」はどのように改善されていくのか、見守っていきたいと思う。そして、必要とあらば声を上げて教育をより良いものにしていきたいと考えている。

現在、この学生のように、教師になることをあきらめてしまう学生たちが増えている。なぜ、教師になることに憧れていた学生たちが教職に就くことを断念してしまうのだろうか。

（２）「子どものために」という呪縛

この講座を担当している私は、現職小学校教師の方を招いて、大学生との質疑応答をしてもらっている。以下の感想は、この現職教師とのやりとりについての感想である。

・「子どものために」と言えば、すべてが許されるような現場はよくないと思いました。自分の時間もないと教員志望が減少していくだろうし、心身に支障が出ると思います。「子どものため」と同じくらい「教師のため」についても考えてほしいと思いました。

・教師の仕事は、人を育てることだと自分は考えているのだが、たくさんの書類に追われてしまい、子どもと一番接する授業の準備や自分の体調管理をおろそかにしてしまっては本末転倒ではないかと考えた。

・先生の仕事は「とても大変なんだな」と思いました。しかし、先生の話には「それ以上に何か自分自身得るものがあるのかな」ということを感じました。

これらの感想を書いてくれた学生たちは、学校現場で１カ月にわたる教育実習を経験している。このため、「子どもが育つ」ことのすばらしさについて身をもって体験している。そして一方、現在の学校が多忙化による過酷な労働環境にあることも知っている。

たとえば、「『魅力的』な教職を避ける学生の本音」と題して、Teacher Aide という学生団体に所属するアキレスさん（教育学部3年生）は、学生仲間328人にアンケート調査を実施し、その結果について以下のように述べている。

「『教職は魅力ある仕事であると思うか（労働環境を加味せずに応えてください）』、この質問項目に対し、『そう思う』62・2％、『どちらかといえばそう思う』25・3％、『どちらかといえばそう思わない』6％、『わからない』2％、という結果になった。この結果から、とりあえずは労働環境を加味しなければ、教職は魅力ある仕事と考える学生が9割近くいることがわかった」（「『魅力的』な教職を避ける学生の本音」『教育』2020年3月号、教育科学研究会編、pp.24-27）

そして、「では、なぜ学生は教職を避けるのだろか」と問い、自由記述欄への回答をもとにつぎのように述べている。

「私たち学生は教職の魅力をすでに十分感じている。それを上まわる不安や懸念があるから、教職を敬遠するのだ」

「いま、教職はブラックな環境にあると思われている。毎年、過労死する人が出るような環境で働きたいなんて思わない」

東京都のある教員養成系大学では、1学年約770人の中で教員になる学生が52・2％（2018年度）しかいない。そして、第2章でその実態が詳細に報告されているように、教員採用試験の倍率は下がり続けている。

教職を志す学生たちは、「教職の素晴らしさ」をわかっている。そして、現在の学校が精神疾患をわずらってしまうほど「危険で過酷な職場」であることも知っている。

2　現場教師の自己責任

(1) なぜ、声を上げない

ジャーナリストの前屋毅は、教員が「負担感を感じている業務」について、以下のように紹介をしている。

1位：保護者・地域からの要望などへの対応
2位：教育委員会からの調査対応
3位：成績一覧表・通知表の作成
4位：児童・生徒の問題行動への対応

（前屋毅『ブラック化する学校』（2017年、青春新書、p.49）をもとに筆者が作成）

これらについて私は、講座の中でつぎのように解説を試みた。
「1位：保護者・地域からの要望等への対応」は、休日に行われる地域行事（地域運動会、お祭り、PTA主催の催し物など）への参加を管理職から要請され、教師が負担感を感じていること。4位「児童・生徒の問題行動への対応」は、たとえばクラス内で起きたいじめ問題への対応であるが、それを子どもたちとともに乗り越えていくことで、子どもたちの人間的な成長を促していくことが教師としての大切な役割であること。

そして、「2位：教育委員会からの調査対応」や「校務分掌」としての書類作成量が増えている現状について、教頭（副校長）だけでは処理できない量となり、主幹教諭・主任教諭・教諭などが担当する書類が増えたことを解説した。具体例としては、学校のホームページや保護者向け「学校便り」の作成が、管理職ではなく教員に任されている現状を紹介した。さらに、この書類作成では管理職・主幹教諭による「書類チェックによる書き直し」が何度も行われるなど、授業とは関係のない「校務」に教師は時間を費やしている現状も語った。

このような説明に対して、学生からは「『教育がしたい』『子どものために働きたい』と思っているのに、形式的な文章を作成することに時間をとられるのは不本意です。どうして教師は声を上げないのだろうと思います」といった感想が寄せられた。また、教師として子どものための授業づくりなどの仕事を優先できないようでは、教師になった意味がないとして、「教師としての『基準』を〈子ども〉以外の何かにずらしてしまったら、それはもう教師として死んだも同然だと思う」といった感想も寄せられた。

つまり、学生たちは、授業とは関係ない書類づくりに追われているのであれば、その書類づくりに対して「おかしい」と声を上げるべきだと感じている。子どもたちのためではない形式的な書類づくりを現場教師が受け容れているから多忙になるのであって、それは「現場教師の自己責任」ではないのか、ということだ。

(2) 通知表の形式は、教師が変えていけばいい

教師が負担感を感じている3位「成績一覧表・通知表の作成」についても、学生たちは「おかしい」と声を上げた。

①通知表の形式

「成績一覧表・通知表の作成」は、子どものために必要な仕事であることをまず説明した。そして、現場教師は、教科の成績や資質能力、社会性などを評価することの必要性について十分わかっていること、また、適切に評価することが子ども・保護者にとって喜ばれる大切なことであると紹介した。

その上で、通知表と指導要録の位置づけについて、「年度末（年間に1回だけ）に作成する『指導要録』は、学校教育法施行規則第24条、第28条によって定められている学籍と指導に関する記録として、教師に作成が義務づけられている公文書であること」、「一方、学期末（年間に3回あるいは2回）に作成する『通知表』は、指導要録とは異なり、作成するかどうかも含めて各学校に任されている書類であること」を説明した。

つまり、通知表は各学校が教科の成績や日常生活の記録などをまとめ、子ども本人及びその保護者へ通知するためのものであり、各学校において通知表を作成するために、教務部（他に研究部、生活指導部など）において「通知表担当者」あるいは「評価委員会」が設置されていることを紹介した。

そして、この評価委員会あるいは教務部において、その学校の通知表の形式や内容、たとえば「教科の評定方法」「総合所見」「道徳などの所見」について原案を検討し、職員会議などで決定することを説明し、教師が負担を感じている業務なのであれば、場合によっては「所見欄は記述なし」にして「個人面談」で伝えるなども学校裁量で可能であることを説明した。

②通知表形式の統一

これらの説明をした上で、学生たちに各グループで「通知表作成」について話し合ってもらった。学生たちは、評価の必要性と教師の負担との関係からさまざまな意見を発表してくれた。そして、その多くは「評価方法を概略化」すること、つまり教科や道徳、総合的な時間などの所見を一括して記載するという提案だった。また、個人面談で保護者と生徒に口頭で説明することの重要性を指摘し、面談をするのであれば「所見を書かない」方法があってもよい、という意見を述べてくれた。

このような学生の意見を聞いた上で、各学校における通知表の現状を紹介した。

「学生のみなさんが提案してくれたように、通知表の形式は各学校で自由に決めることができます。ところが、どの学校でも通知表の形式が同じ、つまり統一されている現状があります。たとえば、道徳の教科化に伴って通知表に『道徳の評価欄』を設けることについて各学校で検討されました。すると、『道徳の教科化がされたのだから、道徳所見欄を設けてほしい』という声が教育委員会の研修会や校長会の会議などから下りてきたのです」

「あくまでも各学校に任されているのですから、道徳主任会の研修（教育委員会主催）や校長会での意見を聞いた上で、たとえば『道徳の所見欄は設けない』という選択肢もあるのですが、２０１９年度1学期の通知表から、各学校の通知表には『道徳所見欄』が新設されたのです。そして、各学校での違いは、道徳所見欄における文字数が『50文字以内』か『１００文字以内』かでした」

教師が負担を感じている業務3位の「成績一覧表・通知表の作成」も、結局は「総合所見」「道徳所見」「総合的な時間所見」「生活科所見」などを作成することになっているのが現状である。そして、評価の重要性はわかっているものの、道徳などはたった50～１００文字で道徳学習の様子を書くことになるため、どの子の所見も同じ内容になりやすく、保護者からは「よくわからない」と不評なのだ。つまり、教師の負担感の実態は「意味のないことをしている徒労感」と言えよう。

第３章でリアルな学校現場の実態が紹介されているように、教師の仕事は、学期末には「通常の書類＋会議＋授業準備」に「成績一覧表・通知表の作成」が加わり、年度末になると「通知表＋指導要録＋次年度教育課程作成」が加わる。月の残業時間が過労死ライン80時間を超える100時間以上になるのは当たり前だ。第1章及び第5章で取り上げている「教員の1年単位の変形労働時間制」は、この過労死ライン越えにお墨付きを与えるものなのである。

このような通知表の「統一」について、学生たちはつぎのように感想を書いた。

「道徳の所見に関しても多くの人が『必要ない』と思っているにもかかわらず、それが変わらないのはやはり『言えない環境』がいけないのだと思いました。自分一人が声を上げただけではダメ。一つの学校が声を上げてもダメ。この声が広がったらいいのにと、切実に思いました」

「通知表そのものは義務ではなかったと思います。各自治体ごとに『今まで通りに』という成り行きからつくられているのが通知表ではないのでしょうか。まったくなくなるのは反対ですが、『やらなければいけない』『埋めなければいけない』という風潮になるのは不思議です」

学生たちは、評価の必要性と教師の負担との関係から、学校裁量で「評価方法を概略化」することの有効性を主張した。そして、各学校で概略化できるのに、結局は「総合所見」「道徳所見」「総合的な時間所見」「生活科所見」などを作成している現状について、「おかしいと言えない環境」があることを知り、落胆したのである。

(3) 上意下達に従った方がいい

学生たちが指摘するように、「教育課程の編成権は、各学校にある」と学習指導要領に明記されているのだから、教師自身が負担感を感じている「意味のない仕事」をなくしていけば、学校はブラックな職場ではなくなるはずだ。

また、第5章で紹介されているように、大きな権能をもつ地域の教育行政が各学校の自由を保障してまかせるようにすれば、教師の負担感は改善されていくだろう。それなのに、現場教師が変えられるべきことを変えようと「声を上げていない」と、学生たちは感じている。つまり、学校の多忙化は「現場教師の自己責任」だと学生たちは考えているのだろう。

果たして学校の多忙化は、「現場教師の自己責任」なのだろうか。

今年、全国の学校に衝撃が走った。新型コロナウイルスによる感染拡大が広がりはじめた2020年2月27日、安倍首相による突然の「全国一斉休校」要請が行われ、各自治体の教育委員会が判断するべき公立学校の休校措置が、日本全国において急遽実施されたのである。長野県池田町の竹内延彦教育長は、自身のフェイスブックで以下のように述べた。

「子どもや教育現場から一番遠い国が決めたことについて上意下達に従った方がいいという風潮に、激しい違和感を感じる」

各自治体の教育委員会には「休校措置」について判断し実施する権限がある。また、各学校には教育課程の編成権があるから、「休校措置開始時期」を決めることができる。それなのに、首相の記者会見報道が行われた翌日2月28日（金）のたった1日で、「臨時休校」が日本全国ほとんどの学校で決定された。そして、3月に教えるべき学習内容や行事について十分な説明がされないまま、子どもたちは学校から家路についたのだ。

全国一斉休校における舞台裏を振り返って、以下の報道がされている。

「首相は、政権内の慎重論を置き去りにする形で一斉休校へと踏み切った」「官邸関係者はこんな感想をつぶやいた。『「有事の首相」をアピールしようとしている』」（朝日新聞、2020年7月15日付朝刊）

安倍首相の休校要請の対象となった公立国立私立の小中高校・特別支援学校は、全国で約3万3500校だが、そのほぼ99％で休校措置が行われた。しかも、首相の要請通り「たった1日」で休校を決めた学校は約90％と推測されている。竹内教育長のように「違和感を感じる」ことすらなかったのだろうか。

感染症対策の状況は地域によって異なっていた。つまり、「上意下達に従った方がいいという風潮」に対して長野県池田町の竹内教育長が述べた「激しい違和感」とは、感染症対策の臨時休校は、学校保健安全法に基づき地方自治体が判断するべきだという真っ当な主張であった。その地方自治の主体性を、あっという間に放棄してしまった。現在の学校教育行政における「主体性」とは、その程度のものなのだということが露呈されたのである。

3　希望の共有をもとめて

(1) 学校現場の困難さを共有すること

15回の講座が終わり、最後に書いてもらった感想からいくつかを紹介する。

「教員の数を増やす必要があるのに増やせない現状、この仕事の歪みを感じずにはいられない」

「マニュアル化されることに、より恐ろしさを感じました。個性が消えちゃいそうな気がします。小学校の時に、自由に好きなことができて、たくさんの学びのきっかけをつくるべきなのに、子どもたちの可能性が減ってしまうと思うと悲しくなってしまった」

「教職の現状はやはり厳しいなという印象を受けました。まず、教員の労働環境が保障されるべきだと思います。もちろん他の仕事でもブラックな所はたくさんあると思いますが、『子どものために』という理由付けがされるところ、給料がブラックな割に安く、また仕事や能力によって上がるわけではないところが教員を敬遠する原因ではないでしょうか」

「小学校の先生はサラリーマンの2倍もうつになるのかあ、だとしたら私もなっちゃうのかなあ、と思いました。でも、まあ最悪そうなっても、また復活すればいいだけの話だし、（まあいいか）とも思いました」

1カ月の教育実習を体験したといっても、まだ学校現場に身を置いていない学生たちにとって、学校多忙化の現状に現場教師たちが「おかしい」と声を上げていないことは、不思議なことなのだろう。

たった1日で「臨時休校」が日本全国99％の学校で決定され、十分な説明がされないままに修了式や卒業式だけが行われ、仲間と別れなければならなかった子どもたちの想い。この子どもたちの気持ちに「違和感を感じる」ことすらない教育関係者がいることを、どう理解してもらったらよいのか。少なくない学生たちが、学校の多忙化を変えることができないのは「現場教師の自己責任」だと感じていること、その思いに疑問を抱かせることができないもどかしさを私は感じ続けている。

学生たちは、学校の多忙化を現場教師の自己責任と見る背景に、指導要領体制がもたらす同調圧力による「教育の統制強化」があることを感じているのかもしれない。一方で、楽天的な「現状維持志向」であったり「淡い信頼感」から、「偉い人たちは優れているから任せていて大丈夫」という感覚も抱いているのではなかろうか。

ピュリツァー賞を受賞したノンフィクション作家のジャレド・ダイアモンドは、アメリカの「社会関係資本（ソーシャル・キャピタル）」が減少していることについて、つぎのように述べている。

「ソーシャル・キャピタルとは個人間の関係にかかわるもの、すなわち、そこから生まれる社会関係のネットワークと互恵関係の基準、信頼性を指す。（略）ソーシャル・キャピタル減少の説明のひとつとして挙げるのが、顔を合わせないコミュニケーションの台頭と、直接的コミュニケーションの減少である」（ジャレド・

ダイアモンド著、小川敏子・川上純子訳『危機と人類〔下〕』２０１９年、日本経済新聞社、pp.176-177）

ＳＮＳを中心としたコミュニケーションによって「学校の現状」を感じ取り、理解しようとしている世代にとって、現在の階層化している学校において、同調圧力による「おかしいことをおかしいと言えない」自己抑制が拡がっていることの理解は困難なのかもしれない。また、新自由主義がもたらす「自己責任論」によって、教育の協同が脆弱化し教師が孤立していることをイメージするのは難しいのかもしれない。

そして、教職希望は少なくなってはいるが、学生たちは数年後、学校現場へ入っていき「現場教師」になっていく。そこは、「リスク管理によって失敗ができない教員」「学校内弱者への攻撃という教師間のいじめ」「何らかの不利益を避けたいという同調性」「匿名性による攻撃性への恐怖」「民主主義における公開と検証の弱体化」が存在する現場である。

（２）共有を願い続けて

子どもたちが響かせている未来への希望を、これから教師になっていく若人と共有したい。「ズレ」を感じ葛藤しつつ、希望の鼓動を共に語り合いたい。

教職を志す学生たちとの間に横たわるもどかしさを感じながら、子どもたちが育ちゆくすばらしさ、未来を切り拓いていく可能性を共有したいと願い、私の小学校教師体験も語ってきた。

いじめ、不登校、クラスの荒れなど、問題行動と言われることに直面するたびに会議が開かれ、「対応」について話し合うことに違和感を感じ続けてきたこと。

人間の社会において問題行動と言われることや児童虐待でさえも、完全になくなることはあり得ないのであり、人間は諍《いさか》いを常にはらみ続ける社会の中で生きていく存在であること。

学校における様々な問題について「対応」するのではなく、「何のために、どう生きるか」を問い、諍いを糧として成長していくことが「育つ」ということ。

子どもたちと共に苦しみ、喜び、葛藤しながら「子どもたちの成長」を育むこと、それが「教育」という営みだということ。

荒れてしまった小学6年生を担任した時に、マリさんは次の文章を卒業文集に書いてくれた。

「メタセコイヤの独り言」

私は校庭にそびえ立つメタセコイヤの木。えっ！　私はもうとっくに切り倒されたって⁉　そうそう、そうでした。その存在しない私がしゃべるのはおかしいですって。でも、みなさんの心の片すみに、いつまでも生きているんですよ。

その私ですが、六年三組をこっそり見てたんですよ。六年三組は三階なので、私にしてみればよく見える位置だったんですよ。

六年三組といえば、よくいえば個性的。ユニーク。でも、正直いって手のつけられないほどまとまりのないクラスだったようです。

六年になり、はじめてこのバラバラ生徒にご対面したヌッキーは、四苦八苦していたようです。子どもたち一人ひとりのことを知るために、毎日ずいぶん時間をとっているようでした。授業はそっちのけで話し合うこともたびたびでしたね。

それでも子どもたちがヌッキーについてこない。ヌッキーの情熱が空回りのように見えましたよ。でも、だんだん変わってきたんですよ。日光、運動会と行事を終えるごとに、少しずつ子どもたちがヌッキーについてくるようになったんですよ。みなみ祭りのころには、クラス全員が一致してそれは盛り上がっていましたね。おそろいの黒のTシャツにバンダナ。かっこうもそろっていたりれど、何よりもクラスのみんなの心がそろっていてみごとでしたね。

私はヒヤヒヤ、ドキドキしながら六年三組を見てきましたが、このころからとても安心して眺めることができたんですよ。一学期のころのクラスはシラ～っとしていたのに、いまは笑いがたえないというか、うるさいというか、とてもいい感じ。私は切り倒される前に、クラスがたのしく活発になるのを見ることができ、ほんとうに幸せでしたよ。

六年三組の子どもたちがヌッキーから教えてもらった「自立」「責任」などを忘れず、りっぱな大人になることを願っていますよ。

当時、この学校は全面改築工事の最中で、正門そばのシンボルであったメタセコイヤの木も切り倒されてしまった。子どもたちから、「ヌッキー」というニックネームを私はいただいており、マリさんは、その一年間のようすを綴ってくれたのだ。

現在の学校にはさまざまな困難がある。しかし一方、毎朝子どもたちは笑顔で学校へやってくる。そして、減少してはいるけれど、子どもたちの笑顔を育みたいと教職をめざす学生たちもいる。今年度の私の講座では、冒頭で紹介したアキレスさんにも参加していただき、「学校という職場」が働きやすい環境となるためにはどうしたらいいのか、変形労働時間制問題を含めて学生のみなさんと共に考えていこうと思っている。

明けない夜がないように、希望の灯火を若人と共に今後も探究していきたい。

第5章　教員の変形労働時間制と地方からの抵抗

鈴木大裕（教育研究者、土佐町議会議員）

1　土佐町議会の挑戦

全教職員との意見交換会

議員として教育問題にどう切り込むか？　２０１９年4月に高知県土佐郡土佐町議会議員となってから、ずっとそんなことを考えてきた。

同年8月、その後の方向性を示唆する出来事があった。私が委員長を務める総務教育厚生常任委員会が、土佐町小中学校の全教職員との「学校における働き方改革」に関する意見交換会をしたのだ。

土佐町のような過疎地にこそ、マイナスをプラスに変える「せっかく」という逆転の思想が大事だと思っているが、ここにもそれが生きている。「子どもがこれだけしかいない」というマイナス思考が、「せっかく子どもの数が少ないのだから」というプラス思考へと変わり、「町には小学校が一つに中学校が一つしかない」が「せっかく町に一つずつしか学校がないのだから、すべての先生の話を聞けるじゃないか」というアクションへと変わる。委員会で私がその企画を提案すると、このような機会は初めてだ、と先輩議員らは喜んでくれた。これは教員の過重労働を懸念する校長先生にとってもありがたい話であり、打診すると案の定、快諾してくれた。

当日、校長先生は歓迎の挨拶の中で、校長会で議員との懇談会をすると話したら周りから羨ましがられたと誇らしげに話してくれた。私は、６年生と４年生の娘たちがいつもお世話になっており感謝していること、そして今回は総務教育厚生常任委員長として来たことを前置きに、以下のように述べた。「議会としてはこの町に住む子どもの教育のために何ができるのか、先生たちをどのように支援できるのかに興味があり、教育内容に口を出すようなことはしない。予算措置をとって教育条件を整備することが議会の役割なので、先生方の話を聞かせて欲しい。」

それで緊張感がほぐれたのか、発言した多くの先生からも、「このような貴重な機会を頂き感謝している」との言葉をもらった。議会と学校はこんなにも近くなれる。ただお互いにきっかけや発想がないだけなのだ。学校現場では、「働き方改革」を進めるために様々な調査が文科省や県教委から降りてくるため、逆に現場の負担を増やしているという冗談のような現象が起こっている。このため今回の意見交換の時間は30分に限定し、こちら側で校長先生が教職員に配布できるシンプルなアンケートのたたき台を作り、その結果をもとに議論を進めた。

自由記述欄も設けた上で、質問はたった6問。そして最後に、「その他、土佐町議会や土佐町役場に望むことがあれば自由にお書き下さい」というスペースも設けた。

【質問内容】

①生徒とかかわる時間は十分に取れていますか？

②教材研究の時間は十分に取れていますか？
③心身の健康に必要な休みは十分に取れていますか？
④教員としての自分の専門性は十分に発揮できていると思いますか？
⑤何を負担に感じていますか？（＊複数回答可。授業、部活、学校行事、生徒指導、レポートや計画などの事務仕事、英語学習やプログラミングなどの専門外の授業、全国・高知県学力調査やその対策、その他）
⑥どのような取組が教員の負担軽減に最も有効だと思いますか？（2つ選んで○。留守番電話の導入、タイムカードの導入、部活動の外部委託、学校行事の外部委託、ＩＣＴやその他のテクノロジー活用による事務仕事の効率化、文科省や教育委員会による調査の削減、教員の増加による空き時間の確保、その他）

その結果、質問内容についてニュースなどから伝えられる通りの、教員の過酷な労働環境が見えてきた。半分以上の教員が「心身の健康に必要な休みが十分取れていない」「教師としての専門性を発揮できていない」と答え、およそ4分の3の教員が「生徒と関わる時間が十分に取れていない」「教材研究の時間が確保できていない」と回答した。

9月議会では、早速その調査報告として、委員会としての意見を発表した。

「アンケート調査の結果、実に23人中22人の教員が、負担軽減に有効なのは『教員の数を増やすことで空き時間を確保すること』と答えた。また、免許を持っていない教科の指導を余儀なくされている教員もいるため、『美術などの専科教員を配置して欲しい』との声もあった。総務教育厚生常任委員会としては、このような現場の切実な声に、町としてどう応えていくことができるか、引き続き考えていきたいと思う。」

教員の変形労働時間制導入の反対を求めます！

２０２０年3月、土佐町議会の総務教育厚生常任委員会は、「教員の1年単位の変形労働時間制の導入禁止を高知県に求める」意見書を議会に提出し、全会一致で採択された。次の文は、常任委員長として私が答弁台で行った補足説明だ。

最初に、先生のしごとは、毎日のかかわりの中で「子どもの人としての成長」を支援し、「学ぶ喜び」を分かち合うことです。我が総務教育厚生常任委員会としては、昨年6月から、先生方にのしかかる過重労働を懸念し、学校における働き方改革に取り組んできました。全教職員への聞き取り調査の中で、土佐町の先生方が、日々の生活の中で子どもと向き合う時間、そして翌日の授業の準備をする時間すら十分に取れていない実態を知り、ほぼ全ての教員が、教員を増やすことで授業準備の時間を確保することを求めていることを知りました。私たちはそれを議会内でも訴え、一般質問の中で取り上げて頂くなど、常任委員会以外の議員にもその問題意識が共有されてきました。

今回の意見書は、「先生の労働環境は子どもにとっての学習環境」という当たり前であるはずの視点に立ち戻って作成した意見書です。労働時間のつじつま合わせのような、小手先だけの改革ではなく、今求められているのは、「教育の質の保障」という観点からの、教員の労働環境の抜本的な改善です。

「先生が先生のしごとに専念できる環境づくり」のために、どうか皆様のご理解とご協力をよろしくお願い致します。

賛同してくれた同僚議員に、改めて敬意を表したい。

校長先生の話では、土佐町の議会放送は、町に唯一の学校である土佐町小中学校の職員室にも流れるという。先生たちへの応援歌のつもりで読み上げた私のメッセージは、ちゃんと届いただろうか。

2　意見書運動の始まり

そもそもの発端は2020年の1月に行われた「土佐町で日本の教育の未来を考え、（飲んで）語り合う合宿」だった。2019年の12月議会で、我が土佐町議会は「全国学力調査を抽出式に！」という意見書を採択した。そのニュースを聞いた元北海道高教組委員長の國田昌男さんが、北海道からの合宿の参加者を通して、「教員の変形労働時間制反対の意見書作成に力を貸してくれないか」とアプローチしてくれたのだった。

私自身、最初からこの問題に深く関わってきたわけではなかった。しかし、合宿の参加者を見渡せば、教育法を専門とする埼玉大学の高橋哲准教授、日本労働弁護団の菅俊治弁護士や江夏大樹弁護士、最初から教員の変形労働時間制に反対してきた滋賀教組の石垣雅也教諭や北海道宗谷教組の内藤修司教諭など、役者は揃っていた。

彼らと話す中で、「地域を越えた運動にしよう」と『教員の変形労働時間制を導入しないで！』というフェイスブックグループ（https://www.facebook.com/groups/185147952693517）を立ち上げると、すぐさま全国から参加者が集まってきた。2020年9月の時点で、北は北海道から南は沖縄まで実に1200人を超える参加者がおり、各地の意見書提出に向けた動きなど、活発に情報交換がされている。このネットワークを活かして、2月12日には3月議会での意見書提出を見据えた議員向けの戦略的なネット会議も行い、7都道府県から10名の議員が意見交換した。

必要だった議論の組み替え

「教員の変形労働時間制導入反対意見書（以下、意見書）」は、國田昌男さんの原案と、2019年に山口県議会で提出され、不採択となった意見書に私が手を加え、そこに埼玉大学の高橋哲准教授や滋賀県の現職教諭・石垣雅也さんなどの意見を取り入れて作成された。

手を加えるにあたって気をつけたのは、フォーカスを教員から子どもに移すことだった。それは、効率化に囚われた「減らす」から、政治的投資を意識した「増やす」へと議論のベクトルを転換することを意味していた。

従来、教員の1年単位の変形労働時間制の導入は「学校における働き方改革」の一環として検討されてきた。しかし、この「学校における働き方改革」という議論の枠組みがどうにもまずい。議論するにあたり、改革すべきは教員の働き方であって、効率化によって教員の勤務時間を「減らす」ことに意識が囚われてしまうからだ。教育現場を詳しく知らなければ、変形労働時間制の導入によって夏休みに有給休暇のまとめ取りができるのは良いじゃないか、という議員も出てくるだろうし、教員の権利ばかり主張しては保守系議員の票は確保できないだろう。

その点、〈教員が教える環境は子どもが学ぶ環境〉という、ごく当たり前であるはずの認識に立ち戻ることで、変形労働時間制に欠落している「子どもの学習権の保障」という視点から教員の多忙化問題を問い直すことができる。教員が心身に支障をきたすほど過酷な学校現場では、教員が専門性を発揮できるはずもなく、それは子どもの学習権の侵害につながる。「議員の皆さま、教員は忙し過ぎて自分の仕事も満足にさせてもらえていません。教員が自らの専門性を発揮できる環境を整えることで、子どもの学習権を保障しましょう！」。それが意見書のメッセージだった。

公立学校教員に１年単位の変形労働時間制を適用しないことを求める意見書（案）

平成 30（2018）年の厚生労働省「過労死等防止対策白書」によれば、小・中・高・特別支援学校を含めた全ての学校の教職員の１日当たりの実勤務時間の平均は、通常時でさえ１日 11 時間 17 分（所定勤務時間は７時間 45 分）、１カ月当たりの時間外勤務の平均は 77 時間 44 分であり、実に中学校教員の 57.7%、小学校教員 33.5%が過労死ラインを超えて働いていることを文科省も報告（平成 28（2016）年教員勤務実態調査）しています。

教員の労働環境は、子どもにとっての学習環境です。

長時間過密労働の影響は教員だけにとどまらず、教育現場は、「子どもと過ごす時間も十分にとれない」「あしたの授業準備さえままならない」などの悲痛な声であふれており、もはや教育の質を保障できているとは言い難い状況です。教員がしっかりと子どもと向き合い、教育活動に専念できる抜本的な労働環境の改善と日々の教育の質を保障するための投資がいま、早急に求められています。

これに対して政府は、令和元（2019）年 12 月４日、通常の勤務時間を延長し、かわりに夏休みなどの休暇のまとめ取りを奨励する１年単位の変形労働時間制を導入することができるよう、「公立学校の義務教育諸学校等の教育職員の給与等に関する特例措置法」（給特法）を一部改正しました。しかし、新学習指導要領への対応で教員の業務はむしろ増加傾向にある中で、この法改正は、「教師の業務や勤務が縮減するわけではない」と文科大臣が明言しており、日常における教員の労働環境の抜本的な改善とは言い難い内容です。文科大臣は、「月 45 時間、年 360 時間以内」の時間外労働の上限「指針」（令和２年４月制定予定）の遵守を１年単位変形労働時間制を導入するための前提条件であると明言しています。しかしながら、すでに小学校で約６割、中学校７割の教員が既にこの上限を超えて働いており、導入の前提条件すら整っていません。

何よりこの制度が導入されれば、ゆとりを持って子どもと向き合い個々の成長や発達に寄り添うことが困難にならないか、時間をかけて授業準備をすることが一層難しくなって子どもの学力低下を招くことにならないか、日々の疲労回復ができず過労を募らせ夏休み前に倒れる教員が多くならないかなど、懸念は尽きません。変形労働時間制を導入するよりもまず、教職員定数の抜本的改善によって人を増やし、１人あたりの業務量を縮減することで教員の恒常的な時間外労働を解消することこそが、いま求められています。

よって、県・県教育委員会においては、以下を実行することを求めます。

1. １年単位の変形労働時間制導入のための条例制定をしないこと
2. 教職員の定数改善を行うよう国に要望すること
3. 教員が子どもとしっかりと向き合い、授業の準備をする時間の確保など、教育の質の保障という観点から教員の労働環境の抜本的な改善を行うこと

以上、地方自治法第 99 条の規定により意見書を提出します。

令和２年３月17日

高知県土佐町議会

高知県知事　　浜田　省司　　様
高知県教育長　伊藤　博明　　様

図 5-1　実際に土佐町議会で採択された意見書

進化した意見書

議会に提出される意見書や陳情書は、どんなに正しくても、採択されなければ意味がない。一つでも多くの議会で採択されるよう、話し合いを重ねる中で私たちの意見書は進化していった。

まず、最初に用いていた、「子どもの学習権の保障」という言葉は、「左翼的な発想」と保守系議員の反発を招くかもしれないとの指摘から、「教育の質の保障」へと表現を変えた。

また、意見書の落とし所は、「教員を増やす」や「教員の定数改善」をストレートに求めるのではなく、あえて「教育の質の保障という観点から教員の労働環境の抜本的な改善を行うこと」とした。教員増が意見書の前面に出ると、財源の問題が出てくるため、採択へのハードルは一気に高くなる。山口県議会で不採択になった意見書も、そこに原因がある。

このように、意見書採択へのハードルを下げることに集中してきた私の予想は、意外な形で裏切られることになる。最初は個人的に提出する予定だった。しかし、総務教育厚生常任委で学校における働き方改革を半年間にわたり取り上げ、３月議会直前に土佐町小中学校の校長先生に変形労働時間制の教育現場への影響についての聞き取り調査を行った結果、問題意識が議員間で広く共有され、「大事な問題なので委員会として意見書を県に提出しよう」という実に理想的な形になったのだ。

土佐町議会は定数10名。議長を除けば５名で過半数となる。個人で提出する場合、自分の他に少なくとも4名の議員の賛同を得なければならない。しかし、総務教育厚生常任委員会として提出する場合は、あと1人賛同者を得るだけで採択されるのだ。今回をきっかけに、今後も常任委員会による提出の意見書を増やしていきたいと思っている。

また、「結局は教員を増やさないことには真の労働環境の改善には繋がらないのでは」という意見が委員

公立学校教員に１年単位の変形労働時間制を適用しないことを求める意見書（案）

平成 30（2018）年の厚生労働省「過労死等防止対策白書」によれば、小・中・高・特別支援学校を含めた全ての学校の教職員の１日当たりの実勤務時間の平均は、通常時でさえ１日 11 時間 17 分（所定勤務時間は７時間 45 分）、１カ月当たりの時間外勤務の平均は 77 時間 44 分であり、実に中学校教員の 57.7%、小学校教員 33.5%が過労死ラインを超えて働いていることを文科省も報告（平成 28（2016）年教員勤務実態調査）しています。

教員の労働環境は、子どもにとっての学習環境です。長時間過密労働の影響は教員だけにとどまらず、教育現場は、「子どもと過ごす時間も十分にとれない」「あしたの授業準備さえままならない」などの悲痛な声であふれており、もはや教育の質を保障できているとは言い難い状況です。教員がしっかりと子どもと向き合い、教育活動に専念できる抜本的な労働環境の改善と日々の教育の質を保障するための投資がいま、早急に求められています。

これに対して政府は、令和元（2019）年 12 月 4 日、通常の勤務時間を延長し、かわりに夏休みなどの勤務時間を縮める１年単位の変形労働時間制を導入することができるよう、「公立学校の義務教育諸学校等の教育職員の給与等に関する特例措置法」（給特法）を一部改正しました。しかしこの法改正をめぐる国会審議においては、「教師の業務や勤務が縮減するわけではない」と文科大臣が明言しています。新学習指導要領への対応で教員の業務はむしろ増加する傾向にあり、教員の「タダ働き」が拡大しています。法改正は、教員の負担を減らすのではなく夏休み中の休暇のまとめ取りを奨励し負担を分散するに過ぎず、日常における教員の労働環境の抜本的な改善とは到底言い難い内容です。文科大臣は、「月 45 時間、年 360 時間以内」の時間外労働の上限「指針」（令和２年４月制定予定）の遵守を１年単位変形労働時間制を導入するための前提条件であると明言しています。しかしながら、すでに小学校で約６割、中学校７割の教員が既にこの上限を超えて働いており、導入の前提条件すら整っていません。

何よりこの制度が導入されれば、ゆとりを持って子どもと向き合い個々の成長や発達に寄り添うことが困難にならないか、時間をかけて授業準備をすることが一層難しくなって子どもの学力低下を招くことにならないか、日々の疲労回復ができず過労を募らせ夏休み前に倒れる教員が多くならないかなど、懸念は尽きません。変形労働時間制を導入するよりもまず、教員の恒常的な時間外労働を解消することこそが、いま求められています。

よって、県・県教育委員会においては、以下を実行することを求めます。

1．１年単位の変形労働時間制導入のための条例制定をしないこと。
2．教員が子どもとしっかりと向き合い、授業の準備をする時間の確保など、教育の質の保障という観点から教員の労働環境の抜本的な改善を行うこと。

以上、地方自治法第 99 条の規定により意見書を提出します。

令和２年　月　日

〇〇議会

〇〇県知事　〇〇〇〇　様
〇〇県教育長　〇〇〇〇　様

図 5-2　どの市町村会議でも採択されるように、と作られた意見書

の中から出たことは、これまで教員の働き方改革を我が委員会の継続調査としてしぶとく取り組んできた成果であり、本当に嬉しかった。

このような結果、国にもしっかりと教職員の定数改善を要望していくことを県に求めるという、最終的には格段と先進的な内容になった。私にとって、議員が当事者に会い、話を聞くことの大切さを教えてくれた出来事だった。

3　地方における教員の変形労働時間制反対運動

教員の変形労働時間制の導入は、2019年12月に国会で容認され、今後は各都道府県で条例制定をすれば導入が可能となる。言い換えれば、導入は既に決まったことではなく、各都道府県が条例を制定しなければ導入はされない。

当初、文科省が示したタイムラインによれば、早ければ2020年6月、遅くとも9月には各都道府県議会で条例制定に向けた審議が始まるとされていた。だが、それも新型コロナウイルス感染拡大の影響でかなりの遅れが生じている。それどころか、夏休み等の長期休暇を用いた教員の休暇のまとめ取りを想定していた変形労働委時間制そのものの前提がコロナ危機で崩れたのだ。労働時間のつじつま合わせにしか過ぎない変形労働時間制にストップをかけ、子どもの教育の質の保障から教員の働き方改革を問い直すのは今しかないだろう。

全国の動向を見ていると、変形労働時間制の導入に対して、実に様々な抵抗の形があることがわかる。

一つは、教職員組合による地元の教育委員会への働きかけを通して、各都道府県に変形労働時間制を適用

図5-3「教員の変形労働制ノー　市区町村議会から声を」（『しんぶん赤旗』2020年2月25日）

しないよう求める方法だ。確かに、圧倒的多数の地教委が県教委に対して導入反対を求めれば、県教委としては導入の正当性を失うだろう。秋田県のように、教職員組合が県教委との定例交渉の際に、県教育長が制度の導入は考えていないとの答弁を引き出した例もある。

　地方議員としてできることも少なくない。各都道府県に対する導入反対の意見書の採択を目指すことに加え、高知市議会の浜口かずこ議員、福島県二本松市議会の平敏子議員、北海道赤平市議会の木村恵議員のように、議会中の一般質問にて変形労働時間制の問題点を指摘し、教育長から制度導入の意思がないとの答弁を引き出すこともできる。

　実は私自身も、3月議会の意見書審議の前に、一般質問でこの問題を取り上げていた。意図としては、意見書の審議に入る前に、総務教育厚生常任委員会以外の同僚議員に教員の変形労働時間制について説明の機会を持ちたかったこと、そして願わくば意見書の採択に向けて教育長から有利な答弁を引き出すことだった。

私の質問は次のようなものだった。

「まず、教員の残業は、『自主的な活動』としてこれまで認められてこなかったが、代わりに本給４％の『教職調整額』なるものが支給されてきた。しかし、教員の膨大な残業時間を考慮すれば教職調整額は微々たるもので、『定額働かせ放題』と揶揄されてきた。それが、２０１９年12月に国が行った給特法の改正は、教員の残業を認める内容だったが、残業代は従来通り出さないこと、代わりに夏休みなどに休みをまとめ取りすることを可能にするものだった。この制度の導入条件として、労働基準法が定めるように時間外労働の上限を月45時間、年間３６０時間とすることが明記されている。しかし、２０１９年11月時点のデータを見れば、土佐町小中学校両方ともこの導入条件すらクリアできていない。中学校に至っては平均残業時間は約61時間と上限の45時間を大きく上回っている。つまり、変形労働時間制の導入条件すらクリアできていないのだが、土佐町教育委員会としてはどのように対応するつもりか。」

これに対して、既に辞任が決まっていた当時の教育長からは、「次期教育長が決めること」との前置きの後に、ただでさえ教員は夏季休暇中も有給休暇を消化できていないことから、「新制度は現実的だとは思わない」との答弁を引き出すことができた。ただ、他の議会では意見書審議前の一般質問で、教育長から不利な答弁が出た例もあるので、その危険性も指摘しておきたい。

4　意見書運動の広がり

ちなみに高知県では他にも四万十市議会、須崎市議会、そして芸西村で同様の意見書が採択されたのだが、高知以上の盛り上がりを見せたのが北海道と秋田県だ。北海道では３月議会で旭川市、赤平市、芦別市、伊達市、室蘭市、豊浦町、仁木町、沼田町、広尾町の５市４町で、また６月議会でさらに稚内市、猿払村、更別村、松前町、東川町で採択された。秋田でも3月議会で採択された上小阿仁村、能代市、藤里町、男鹿市、五城目町、大潟村、羽後町に続き、6月議会でも三種町、八郎潟町、井川町と合計10自治体で採択されている。

ここまで多くの自治体に意見書運動が広がった背景には、「ゆきとどいた教育をすすめる西いぶり連絡会」や秋田県労連などの地道な取り組みがある。まず、前者については、事務局の國田さんに話を聞いた。

北海道の取り組み

「ゆきとどいた教育をすすめる西いぶり連絡会」は、同じような行動をしていた教職員組合、新日本婦人の会、労連などの組織同士の連携を深めようと、2012年に結成。これまでも定例会を開き、活動と交流を深めてきた。

教員の変形労働時間制についても、2019年の給特法の一部改正が成立以降、変形労働時間制の市民向け学習会を開催し、同時に新婦人3支部（室蘭、登別、伊達）への出張学習会も行った。また、地方議会からの反対の声を北海道議会や北海道教育委員会に意見書として届けることが効果的と考え、まずは陳情として各議会の最大会派の幹事長、もしくは繋がりのある会派・議員を訪れ、快諾してもらえる場合は請願に切り替えて紹介議員になってもらい、難しそうであれば他の会派に上げてもらう戦略をとった。

國田さんはこう説明する。

「この意見書を議会で採択してもらうことは、市民の代表である議員に、学校の置かれた状況、とりわけ教員の自己犠牲の上に成り立っている学校教育の異常ともいえる状況を理解してもらい、その打開の道筋に意を払ってもらう機会になります。給特法という特異な法律によって、教員は過労死の瀬戸際に立たされて働いていることは、『ブラック職場』としてここ数年でようやく知られてきました。今回の法改正がこの状況の解消には全く役に立たないどころか、状況を一層劣悪にすることを知ってもらうことが、地域インフラとしての学校をきちんと機能させられることができるか否かの重大な線引きになると思って、議員に丁寧に説明をしました。」

秋田県の取り組み

高教組、自治労連、県国公共闘、建交労が参加し、組合員５０００人を誇る秋田県労連の取り組みに関しては、議長である加賀屋俊悦さんに話を聞いた。秋田での意見書運動の広がりは、毎年春と秋に行ってきたキャラバン（自治体要請行動）の成果だそうだ。もともと秋田では、日本原水協主催の「国民平和大行進」での自治体要請行動や「非核自治体宣言」など反核・平和の運動で各自治体をまわる取り組みに始まり、その後も高教組と新婦人の会が一緒になって各自治体の首長、議会、教育委員会を回ったことで、全国でどこよりも早く少人数学級を実現させた実績がある。

教員の変形労働時間制についても、従来通り地元の教員組合、新婦人の会、労連のメンバーを道先案内人に議会事務局を訪問し、会える時には議長や常任委員長と懇談し、陳情書を手渡すという運動の形をとった。また、陳情書を届ける際には首長や教育委員会とも懇談し、要請したという。

5　終わりに

全国的に見て、給特法一部改正後の３月議会はまずまずの滑り出しだったが、コロナ禍で６月議会では教員の変形労働時間制に反対する意見書運動は少しスローダウンしたように見える。しかし、ただでさえ教員の有休消化率は低かったにもかかわらず、新型コロナウイルスの感染拡大で学校の夏休みは全国的に短縮され、変形労働時間制導入の前提自体が吹っ飛んだように思う。その意味では、今こそこの制度を地方から覆すチャンスではなかろうか。この半年で得られた知見を生かし、9月、12月議会でどれだけ多くの自治体にこの運動を広げられるかが勝負だ。

最後に、今回の意見書運動では教員経験者の活躍が光った。國田さん（退職教員）や加賀屋さん（現職教員）のように、市民団体のリーダーとして運動を牽引した方もいれば、四万十市議会の川渕誠司議員や芸西村の安芸友幸議員のように、意見書の提出者として議会を牽引した退職教員もいる。ちなみに、北海道赤平市で意見書を提出した木村恵議員はお父様が教員だったそうだ。また賛同議員となって意見書の採択に貢献した退職教員もたくさんいる。教壇を去った後も、「学校応援団」として教員や子どものために尽力し続けている全国の退職教員をありがたく、そして誇らしく思う。

おわりに

この本は、第1章を執筆いただいた白神優理子さんの講演「教師の変形労働時間制問題」（2020年3月）が起点となっています。

白神さんの話を聞いた後、担当の大学講座において「教師の労働状況の酷さ」について学生たちから問われ、きちんと応えられなかった忸怩たる思いがよみがえるとともに、「これほど重要な問題なのに、教師自身と父母たちが知らない」と強く思ったのです。

そして、氏岡真弓さん（第2章）の「『先生』という仕事はどこへ」（『教育』3月号）と、鈴木大裕さん（第5章）の「『変形労働時間制の導入禁止』を求める意見書」（『教育』4月号）、また困難な中で授業づくりに真摯に向き合い子どもたちを育てている佐々木仁さん（第3章）の教育実践が思い出され、いっきに本の原案ができあがりました。

共に育てること

私たちは、教師の変形労働時間制によって「教師のいない教室」が全国的に拡大し、学校崩壊が起きることを危惧し、その実態を本書において明らかにしました。

一方、教師という仕事は、やりがいのあるすばらしい職業であり、子どもたちの成長に関わり、さまざまな感動を共有できるかけがえのない営みであることを実感しています。

小学校教師だった時、親御さんに「クラスの窓は開いています」ということを、私は発信し続けました。

そして、校外学習などにおいて親御さんに付き添いをお願いすることや、教室で子どもたちのサポートをしてもらうことに取り組みました。

また、子どもたちの成長の様子をクラス便りで発信したり、問題だと思われることを保護者会で相談したりして、「共に育てる」ことを日々の生活の中で実現させようと努力してきました。その結果、つぎのようなことが起きるようになったのです。

放課後、教室で仕事をしていると、母親が2人顔をのぞかせます。

親「ヌッキー先生、ちょっとお話ししたいことがあるのですが、今いいですか？」

私「ハイハイ、どうぞ。どんなことかな？」

親「実は最近、放課後遊びの男子グループからD君が外されていたんです」

私「エー、それは知らなかった。D君のようすも変わらなかったし」

親「先生の知らないこともありますよ。それでね、D君のお母さんと相談をしたのです。そうしたらD君のお母さんも気にしていたことがわかりました」

私「そうですか。では、私もD君に聞いてみますね」

親「ヌッキー先生、大丈夫。もう解決しましたから。相談の後、D君と男の子たちを集めて話し合いをして解決したのです。今日はその報告をしに来ました」

クラス担任の私が知らない所で、親御さん同士が話し合いをして、子どもたちのトラブルを解決し、その様子を教えてくれたのです。

時を超えて

ある冬の日の夕方、私は一児の母となった元教え子と駅のホームにいました。

彼女は元の姓にもどり、幼い娘と母子寮で暮らしていることを淡々と語ってくれました。冬の木枯らしが吹き、会話が途絶えたその時、彼女はふと私に語りかけました。

「先生、私、小学校の時のクラスの全員の名前を、今も言えるんです」

驚く私の前で、彼女は十数年前の37名の名前をすらすらと口にしました。そして、つぶやきました。「あのときは、たのしかったから」と。

子どもたちは、多くの人と出会い、さまざまな喜びや悲しみを胸に刻み、人生を歩んでいきます。学校での出会いは、その通過点の一つでしかありません。しかし、たった一つのできごとが、その子の人生を支えることもあるのです。彼女の「あのときは、たのしかったから」というつぶやきから、教育という営みのかけがえのなさを私は教えられました。

子どもたちを真ん中にして、父母・教職員・地域住民・教育行政が手を携えて育むこと。その共同の営みの中で、子どもたちは健やかに育っていきます。そして、子どもたちに関わった人々もまた、人間的に成長していくことができます。

学校は今、厳しい困難な状況におかれていますが、子どもたちの成長を願う人々と少しずつ希望の灯火を広げていきましょう。子どもたちの未来のために、今できることに共に向き合っていきましょう。

２０２０年10月　執筆者を代表して　大貫耕一

【お願い】

本書は、都道府県教育委員会において「教員の1年単位の変形労働時間制の導入」が実現しないことを願い作成しました。このため、市民のみなさんに変形労働時間制や教師の労働状況について知っていただき、第5章で高知県土佐町議会が行ったように「導入反対の意見書」を区市町村議会において採択する働きかけに結びつけたいと願っています。

本書の学習会などでの活用については、以下へご連絡ください。

執筆者代表・大貫耕一　oonuki1226@jcom.home.ne.jp

【著者紹介】

大貫耕一（おおぬき・こういち）編者および第4章担当

1952年東京都生まれ。1975年、東京学芸大学教育学部初等教育教員養成課程卒業。2000年、東京学芸大学大学院修士課程保健体育専攻保健体育講座修了。2013年、東京都公立小学校教諭退職。2020年現在、和光大学現代人間学部心理教育学科非常勤講師、東京学芸大学教育学部心理教育学科非常勤講師。

〈主な著書〉

『新絵で見る水泳指導のポイント①低学年、②高学年』単著、日本標準社、1995年
『教師と子どもが創る体育・健康教育の教育課程試案』共著、創文企画、2003年
『子どもと教師でつくる教育課程試案』共著、日本標準社、2007年
『教科の本質と授業』共著、日本標準社、2009年
『スポーツの主人公を育てる体育・保健の授業づくり』共著、創文企画、2018年
『新みんなが輝く体育1　小学校低学年体育の授業』共著、創文企画、2019年

白神優理子（しらが・ゆりこ）第1章担当

弁護士。神奈川県海老名市生まれ。八王子合同法律事務所所属。日本労働弁護団、過労死弁護団、自由法曹団などに所属し、労働・過労死事件・行政事件など多数担当。憲法・労働法制などの講師活動に多数取り組む。著書『弁護士白神優理子が語る日本国憲法は希望』（平和文化社）。

氏岡真弓（うじおか・まゆみ）第2章担当

朝日新聞編集委員。1984年、朝日新聞社入社。学級崩壊やいじめ、不登校のほか、学力、格差と貧困、教員の多忙化、部活動、大学入試改革などを取材。主な著書（共著）に『学級崩壊』（1999年）、『いま、先生は』（2011年）、『権力の「背信」――「森友・加計学園問題」スクープの現場』（2018年）。

佐々木仁（ささき・ひとし）第3章担当

神奈川県公立小学校教諭。主な著書に『教師にやりがいをみいだしたいあなたへ』（共著、ルック、2010年）、『そのまま授業にいかせる生活科』（共著、合同出版、2012年）。

鈴木大裕（すずき・だいゆう）第5章担当

教育研究者・土佐町議会議員。執筆・講演活動を続けながら、高知県の過疎地で教育による町おこしに取り組んでいる。主な著書に『崩壊するアメリカの公教育：日本への警告』（岩波書店、2016年）、『「ゼロトレランス」で学校はどうなる』（共著、花伝社、2017年）。

表紙写真提供：ピクスタ

学校と教師を壊す「働き方改革」――学校に変形労働時間制はいらない
2020年10月5日　初版第1刷発行

編著者 ――大貫耕一
発行者 ――平田　勝
発行――花伝社
発売――共栄書房
〒101-0065　東京都千代田区西神田2-5-11 出版輸送ビル2F
電話　03-3263-3813
FAX　03-3239-8272
E-mail　info@kadensha.net
URL　http://www.kadensha.net
振替　00140-6-59661
装幀――北田雄一郎
印刷・製本――中央精版印刷株式会社

©2020　大貫耕一
本書の内容の一部あるいは全部を無断で複写複製（コピー）することは法律で認められた場合を除き、著作者および出版社の権利の侵害となりますので、その場合にはあらかじめ小社あて許諾を求めてください
ISBN978-4-7634-0941-6 C0037